IK WIL JE GRAAG

BEDANKEN

GINA HAMADEY

IK WIL JE GRAAG BEDANKEN

Hoe een jaar van dankbaarheid jou en anderen **geluk & liefde** kan brengen

ALTAMIRA

Altamira 2022

Oorspronkelijke titel: *I Want to Thank You: How a Year of Gratitude Can Bring Joy and Meaning in a Disconnected World*
Oorspronkelijke uitgever:
TarcherPerigee, een imprint van Penguin Random House LLC

Voor het Nederlandse taalgebied:

(e-mail: info@gottmer.nl)
Uitgeverij Altamira maakt deel uit van de Gottmer Uitgevers Groep BV

Vertaling: Leonie Hardeman
Vormgeving: Lorie Pagnozzi / Studio Nico Swanink
Illustraties: Kelly Lasserre
Omslag: -Lein | redactie & vormgeving, Amersfoort

ISBN 978 94 013 0523 5
NUR 450

altamira.nl

Voor Jake, Henry en Charlie

INHOUD

INLEIDING

Toen een wereldwijde pandemie ons leven aan het begin van het voorjaar van 2020 tot stilstand bracht, merkte ik nog een besmettelijke uitbraak op. Overal om me heen kregen mensen te maken met extreme isolatie of een claustrofobisch samenzijn, meedogenloze verveling of verlammende onzekerheid, angst om hun baan kwijt te raken, hun huis, hun geliefden – en toch waren ze enorm dankbaar.

Een vriendin die tijdelijk niet samen kon wonen met haar man, een ic-arts, zei 'ontzettend blij en dankbaar' te zijn dat mensen hem elke avond eten brachten, bordjes met hart-onder-de-riemteksten op hun grasveld zetten en 's avonds langsliepen om hem gezelschap te houden als hij alleen was. Een studievriend die in een zwaar getroffen ziekenhuis in New Jersey werkte, was 'dankbaar voor iedereen die thuisblijft, afstand houdt en een mondkapje draagt – niet in de laatste plaats omdat dat allemaal saai, eenzaam, frustrerend, oncomfortabel, zweterig, jeukerig, een beetje vies en erg ongemakkelijk is'.

Een lerares zei dat ze simpelweg dankbaar was voor het verleden. 'De onzekerheid van de toekomst,' zei ze, 'maakt dat ik de ervaringen en herinneringen die ik tot nu toe heb opgedaan nog meer waardeer.'

Anderen zeiden dankbaar te zijn dat ze nu de kans kregen om elke avond met het gezin aan tafel te zitten, vriendschappen aan te halen, 'de telefoon weg te leggen en een badmintonracket op te pakken', te genieten van de dingen die ze normaal gesproken over het hoofd zagen. 'Ik vind het heerlijk om te zien wat mijn zoon allemaal opvalt,' zei een oud-collega die dagelijkse wandelingen was gaan maken met haar jonge kind. 'Vandaag ontdekte hij een coole boom waar ik al heel vaak langs ben gefietst, maar ik had nog nooit gezien wat voor bijzondere wortels er boven de grond uitstaken.'

Ik zag een hoop waardering voor de natuur. Mijn zus voelde zich verbonden met de bomen bij haar appartement in Brooklyn, een buur koesterde 'de lentebloesem en de tsjirpende vogels en het gouden avondlicht', en een mentor was zelfs blij met de vervelende eekhoorns die aan haar jonge groenteplantjes knabbelden.

Mijn moeder, die alleen in isolatie zat, zei: 'Ik ben ver weg van mijn kinderen, kleinkinderen en familie, maar ik ben blij dat jullie allemaal gezond zijn.'

In afwachting van een behandeling of vaccin moest ik denken aan een van de belangrijkste dingen die ik leerde van het jaar waarin ik 365 bedankjes schreef: dankbaarheid is een sterk medicijn. Het laat je zien wat je al hebt in plaats van wat je nog mist, het zorgt voor empathie en compassie en is een goeie remedie tegen zelfzuchtig gezeur. (Hoewel zeuren soms juist heel belangrijk en therapeutisch is, bij voorkeur met een vriend of vriendin aan de telefoon en een glas wijn in je hand.)

Terwijl vrienden en familie hun dankbaarheid uitten, rondde ik dit boek af. Dat gaf sommige passages een heel nieuwe betekenis. Ik hoefde mensen er niet meer van te overtuigen dat het belangrijk was om ondanks de afstand contact te houden. Dingen die ik vanzelfsprekend had gevonden – reizen, uit eten gaan, etentjes geven – werden onmogelijke dromen. En zorgmedewerkers bedanken, wat ik een maand lang had gedaan, werd de normaalste zaak van de wereld.

In ons huis in Brooklyn werd zeven uur 's avonds het meest hartverwarmende moment van de dag. Dan staken mijn buren hun hoofd uit het raam of stapten ze hun balkon op om te klappen en te juichen en op potten en pannen te slaan, allemaal om hun waardering te uiten voor de vitale beroepen. 'Hup, dokters!' riepen mijn twee jongens. 'Jullie kunnen het!' Dat was een dagelijkse reminder aan wat ik leerde van mijn Dankjaar: dat dankbaarheid ons grootste goed is. Het is gratis, maar heeft wel degelijk waarde. 'Dank je wel' zeggen werd meer dan een aardigheidje. Het werd noodzakelijk.

En het bleef noodzakelijk – ook toen een enorm onrecht overkookte tot woedende protesten. In New York ging het applaus van zeven uur gewoon door toen er om acht uur een avondklok kwam. Dankbaarheid en boosheid bleken niet onverenigbaar. We konden klappen voor de dappere mensen in onze community én protesteren tegen het kwaad op de wereld.

Op dit moment kan ik het me maar moeilijk voorstellen, maar ik weet dat we weer samen uit eten zullen gaan, op volle stoepen zullen lopen, naar theatervoorstellingen zullen gaan en praatjes zullen maken met buren terwijl we hun hele gezicht zien. Misschien is het al zover als jij dit leest, en mis je diep vanbinnen de dankbaarheid die zoveel warmte bracht in een verder nogal donkere en beangstigende periode.

Dit boek is een blauwdruk om dankbaarheid een permanente plek in je leven te geven. En het goeie nieuws is dat je daar geen 365 bedankjes voor hoeft te schrijven, zoals ik. Je mag zelf weten hoeveel je er in je Dankjaar schrijft: het kan er één per week zijn, maar één per maand is ook prima. Of bespaar op postzegels door gewoon te bellen met een vriend van vroeger, of een mentor van lang geleden een mail te sturen. Je gaat hoe dan ook ervaren hoe fijn het is om 'dank je wel' te zeggen. Ik hoop dat het je net zoveel plezier en verbinding brengt als dat het mij heeft gebracht.

HOOFDSTUK ÉÉN

JANUARI: LIEFDADIGHEID

Hoe 31 kaarten aan gulle gevers een Dankjaar ontketenden

VOORDEEL: het voelt goed om je dankbaarheid te uiten.

VERRASSING: ik vind het leuk om bedankjes te schrijven?

LES: een Dankjaar uitstippelen benadrukt wat belangrijk is.

Mijn maandagmorgen in een treincoupé naar New Jersey was het tegenovergestelde van mijn weekend. Stil in plaats van hectisch; rustgevend in plaats van overbelast. Eventjes wat tijd voor mezelf. Ik zocht een plekje, keek hoe de kale boomtakken langs de ramen zwiepten en pakte mijn telefoon.

'Volgend station: Summit!' zei de conducteur. Zijn die vijftig minuten nu al om? vroeg ik me versuft af. Ik pakte mijn tas, stapte uit en liep vanaf het voorstedelijke treinstation naar het kantoor van Boll & Branch, de start-up in huishoudelijke artikelen waar ik net was begonnen met een adviesklus.

Na een dag lang marketingteksten schrijven over zachte lakens en kwalitatief hoogstaande kussens begon ik aan de terugreis naar Brooklyn: weer zo'n fijne rit die veel te snel omvloog.

Het voelt goed om je dankbaarheid te uiten

Toen ik de volgende dag in de trein ging zitten, liet ik mijn telefoon in mijn tas en pakte ik in plaats daarvan een stapel bedankkaarten met groene palmboompjes erop. Ik had dit nu lang genoeg uitgesteld. *Lieve tante Dot*, schreef ik. *Bedankt voor je gulle bijdrage aan de City Harvest-actie. Na rijp beraad heeft Henry besloten dat jij… broccoli bent!*

Mijn toen nog vier jaar oude zoon vond het leuk om mensen op basis van hun persoonlijkheid te matchen met eten of drinken. Ik was een tomaat, mijn man Jake was een flesje seltserwater en onze Charlie van één was een zoete aardappel. Ik had de donateurs van onze City Harvest-inzamelingsactie van de voorgaande maand bedankkaartjes met zo'n Henry-sausje beloofd als ze mee zouden doen, en we haalden uiteindelijk meer dan vierduizend dollar op. Ik moest die kaarten dus nodig schrijven.

Henry en ik hadden die ochtend de eerste kaartenbatch besproken, en Henry stelde vast dat tante Dot broccoli was (een compliment, want dat was zijn favoriete groente). Andere donateurs waren een gehaktbal, een bananenschil, een wortel en een blik aardbeien.

Terwijl de trein station Summit binnenreed, stopte ik de zeven kaarten die ik net had geschreven terug in het doosje. Het doosje propte ik vervolgens in mijn rugzak, en ik liep naar het kantoor. Het was een frisse sneeuwdag: de lucht was helderblauw, de sneeuw sprankelend wit. Ik wandelde langs een *diner* van glimmend staal en langs allerlei kleine buurtwinkels met woordgrapjes in de naam: een dierenwinkel die Faux Paws heette, een chocoladewinkel met de naam Sweet Nothings, en op de gevel van een ijssalon stond McCools. Ik bestelde een latte bij het gezellige koffietentje Boxwood Coffee en neuriede onbewust het liedje van *Gilmore Girls*. Dáár deed deze stad me aan denken, realiseerde ik me ineens: het idyllische stadje Stars

Hollow, waar die serie zich afspeelde. Ik werkte hier al twee weken, maar ik bedacht het me nu pas.

Tijdens de treinreizen in de weken daarna wisselde ik de rest van de bedankkaarten af met scrollen door mijn socialmediafeeds. Gaandeweg begon het me op te vallen dat de rit trager ging op de dagen dat ik schreef, en dat het voelde alsof er een sluier was opgelicht als ik daarna de trein uit stapte. Ik was hoopvol, optimistisch en aanwezig, en dat bleef ik de hele dag – terwijl ik op de dagen waarop ik mezelf verloor in mijn socialmediafeeds juist afgeleid, rusteloos en bijna haveloos uitstapte.

Wacht even. Vond ik het soms léúk om bedankjes te schrijven?

Ik vind het leuk om bedankjes te schrijven?

Je bent het vast met me eens als ik zeg dat bedankkaarten vreselijk zijn. Verplichtingen van tien bij vijftien. Dat komt in de eerste plaats door de associatie: iemand, waarschijnlijk je moeder, viel je vroeger altijd lastig om 'nou eindelijk die kaarten eens te schrijven. Je hebt een hele stapel verjaardagscadeaus, dus het minste wat je kunt doen is "dank je wel" zeggen'. Dat is inderdaad netjes, en beleefd ook, maar als iemand zegt dat je het móét doen, dan voelt het ook als een moetje. Bedankkaartjes sturen is in de Verenigde Staten een toonbeeld van goede etiquette, maar zelfs het woord 'etiquette' voelt benauwd en braaf. We zijn toch geen nette jarenzestigdames met gekruiste enkels?

Als ik een stapel bedankkaarten moest schrijven, begon ik altijd spontaan te gapen. Dat is ook de reden dat ik het maar liefst zes maanden uitstelde om onze bruiloftsgasten te bedanken voor hun gulle giften. Ik had een jaar om ze te schrijven, toch? Of waren het juist de bruiloftsgasten die een jaar hadden om ons een cadeau te sturen? (Etiquette is duidelijk niet mijn sterkste kant.)

Bij een kraamvisite smeek ik de kersverse ouders altijd om het bedankkaartje – voor de linzensoep en het schattige truitje dat ik waarschijnlijk voor de baby heb meegenomen – vooral te laten voor wat het is. Ik wil niet op hun lange, met moedermelk bevlekte to-dolijst terechtkomen. (En ondanks mijn recente bedankjesbekering is dit nog steeds mijn standpunt.)

Standaardbedankjes zijn saai. Om te schrijven én om te ontvangen. Wat valt er te zeggen? Het is in essentie een ontvangstbevestiging: *Ik heb gekregen wat je me gaf en ik vond het heel leuk.* Je kunt hooguit toevoegen hoe je het wilt gaan gebruiken: *Ik neem deze prachtige blauwe trui zeker mee op mijn trip naar Denver.*

Dus hoe kwam het dan dat ik het nu ineens leuk vond om bedankjes te schrijven?

Ten eerste hadden de ontvangers me geen cadeau gegeven, maar geld gedoneerd aan City Harvest. Dat is een organisatie die eten inzamelt dat anders zou zijn weggegooid en het aan hongerige New Yorkers geeft. De donateurs hadden alleen maar aan de actie meegedaan omdat ik het ze had gevraagd. Oké, en misschien omdat ze nieuwsgierig waren naar het eten dat volgens een schattige vierjarige bij hun persoonlijkheid paste.

Ik scande de lange lijst van mensen die aan onze actie hadden meegedaan. Het was een compleet willekeurige selectie van de mensen in mijn leven: een oude schrijfcoach, onze makelaar, studievrienden die naar Londen waren verhuisd, de ex van mijn vroegere vriendin Sara. Steeds als ik de online donatiepagina had bekeken en een nieuwe naam zag, maakte mijn hart een sprongetje van vreugde. Het was fijn om dat gevoel opnieuw te beleven terwijl ik de gulle gevers bedankte met een pen en mijn volle aandacht. Veel beter dan via een e-mail of appje.

Los van verplichtingen en etiquette kregen mijn woorden ook meer lading nu ze in mijn rommelige mix van blok- en schrijfletters op een stuk papier stonden. De kaart ging door mijn handen, en straks door die van de ontvanger. Het was tastbaar, stevig. Vergeleken met de surrogaatconnectie die ik via mijn sociale media met de meeste van deze mensen had, voelde dit écht.

Ik schreef mijn laatste bedankje – mijn vriendin Jennifer deed Henry denken aan regenboogijs – en keek hoe de stapel kaarten trilde op de opklaptafel van de trein. Gek genoeg was ik een beetje verdrietig dat de klus geklaard was. Ik was nog niet klaar met dat fijne, gefocuste gevoel dat ik had gekregen van het schrijven van... hoeveel kaarten? Ik blikte gauw op mijn afgestreepte ontvangerslijst: 31.

Ha, dacht ik, dat is grappig: ik heb 31 kaarten geschreven, en het is 31 januari. Ik heb voor elke dag van dit jaar een bedankje geschreven.

Wat als ik ermee doorga?

Een bedankje voor elke dag van het jaar. Dat klonk goed. Als twintiger was ik gek geweest op goede voornemens ('tortilla's leren maken zonder pakjes en zakjes', 'tijd vrijmaken om vrienden in Californië te bellen'), maar dat veranderde toen ik kinderen kreeg. Als dertiger en jonge moeder was het nieuwe jaar vooral een reminder om de zwangerschapskilo's kwijt te raken. Ik had geen tastbaar, haalbaar doel meer dat niets met mijn lijf of carrière te maken had, en dat vond ik jammer.

Het was ambitieus. Er waren 365 redenen waarom het onpraktisch was om aan een tijdrovend project te beginnen terwijl ik een baan had en twee kleine kinderen. Om over mijn huwelijk en ouders en familie en vrienden nog maar niet te beginnen; de meesten had ik al maanden niet gezien. Maar misschien kon dit project daar juist verandering in brengen?

Misschien kon ik er tijd voor vrijmaken door mijn telefoon vaker weg te leggen. Dat zou een fijne bonus zijn.

Natuurlijk kon ik ook gewoon vaker bedankjes schrijven, zonder er een specifiek doel of streefgetal aan te hangen. Maar het idee kreeg in mijn hoofd steeds meer vorm, en ik wist dat een halfslachtig plan niet zou werken. Ik was 38 en zat midden in het spitsuur van mijn leven – daar waar goede bedoelingen doodgaan. Als ik van dankbaarheid een gewoonte wilde maken, had ik een specifiek doel nodig en een goed actieplan.

Maar zou ik het volhouden? Waarom wilde ik dit eigenlijk, behalve dan omdat ik dacht dat het goed zou voelen om bedankjes te schrijven en het me weghield van mijn socialmediafeeds? Was dat genoeg motivatie om het eind van het jaar te halen?

Ik opende mijn grijze notitieboekje en schreef boven aan de bladzijde:

REDENEN OM DIT JAAR 365 BEDANKJES TE SCHRIJVEN

- Het grijpt terug op dingen die ik mis.
- Het is iets positiefs in tijden van wanhoop.
- Ik ga terug naar iets wat ik fijn vind: schrijven met pen en papier.
- Ik kom weer in contact met mensen die ooit iets voor me betekenden.
- Ik ben benieuwd wat er allemaal voor moois uit voortkomt.

Het grijpt terug op dingen die ik mis. Ik voelde me al een tijdje... niet ongelukkig. Dit is geen reddingsverhaal over een ellendige vrouw die eindelijk haar happy end krijgt. Ik wás al happy en wist ook dat ik veel had om dankbaar voor te zijn: mijn gezondheid, mijn familie, mijn werk.

Maar ik had het gevoel dat de tijd me inhaalde, sneller nog dan de steden die langs het treinraam aan me voorbijvlogen, en ik zocht naar een manier om te vertragen. Ik was vooral aan het jagen: op mijn kinderen, op freelanceklussen, op een moment voor mezelf. Het kwam regelmatig voor dat ik dacht aan een vriend die ik al maanden niet gesproken had, of aan een boek dat ik nog wilde lezen, maar voordat ik die vriend dan kon bellen of de titel kon opschrijven, was de gedachte al vervangen door iets prangenders. Alsof stukjes van mijn leven die ik ooit heel erg liefhad nu als confetti door de ruimte zweefden: vluchtig, en net buiten mijn bereik.

Mijn gedachten voelden net zo gefragmenteerd als die confetti. Ik leefde in triage en was elk moment aan het zorgen voor de meest behoeftige zoon, klant of rekening. Herinneringen ophalen aan jaren waarin ik meer tijd had voor relaties en hobby's en plezier – zou dat me helpen om ook echt weer in contact te komen met die dingen?

Mijn vrienden leken hun nieuwe rollen moeiteloos te accepteren, maar ik vond het lastig om die van mij (moeder in Brooklyn, freelancekookboekenschrijver, contentmarketeer) te omarmen en allerlei vorige identiteiten (*California girl*, bladenmaker, food- en reisredacteur, goeie etentjes-gever, vriendenverbinder, onverzadigbare lezer) los te laten. Zaten die oude versies van mij nog steeds in me? Waren ze nog bereikbaar?

Het is iets positiefs in tijden van wanhoop. Een maand voordat ik voor het eerst in de trein naar New Jersey stapte, was ik door onze buurt in Brooklyn gelopen en had ik de vele prachtig versierde kerstbomen bespot die ik door de ramen van de typische brownstonehuizen zag. Ze voelden kunstmatig. De wereld is al eng en deprimerend genoeg, dacht ik. Waarom zou je er nog knipperlichtjes aan hangen? Ik was in een Scrooge veranderd, terwijl ik mijn hele leven gek was geweest op kerst. Als kind zong ik elke avond voor ik naar bed ging 'Stille nacht' bij de boom.

Ik was altijd meedogenloos positief geweest. Dus als ik iets positiefs aan de wereld gaf, zou mijn eigen kijk erop misschien ook verbeteren.

En ja, op het nieuws leek het einde van de wereld nabij, met berichten over corruptie en hebzucht. Maar als het einde van de wereld écht nabij was, zou ik mezelf die laatste dagen dan bang en alleen willen begraven in mijn telefoon? Of zou ik banden willen aanhalen en versterken en dankbaar willen zijn voor al het goeds in de wereld?

Het fijnste van de feestdagen, iets wat níét als een theaterstukje had gevoeld, was die inzamelingsactie voor City Harvest geweest. De samenwerking met de non-profit, het schrijven van al die kaarten... Het had me uit mijn hoofd gehaald – en uit mijn eindeloze to-dolijst. Die vakantie van mijn gedachten wilde ik rekken.

Ik ga terug naar iets wat ik fijn vind: schrijven met pen en papier. Ik verdien mijn geld met schrijven. Over zachte lakens, nieuwe hotels in de Cariben, nachorecepten, 25 makkelijke Thanksgiving-hacks! Mijn eigen schrijfsels – dagboeken, een nooit afgemaakte liefdesroman, kinderboeken over Stompie de Teen en de Tjoeke-Tjoeke-Trein die ik alleen aan mijn kinderen had laten zien – gaf ik alleen geen aandacht meer. Ik hoopte dat schrijven voor mezelf mijn creativiteit ten goede zou komen. En misschien werd mijn handschrift er ook wel beter door.

Ik kom weer in contact met mensen die ooit iets voor me betekenden. Natuurlijk ging ik niet alléén voor mezelf schrijven. Elk bedankje zou een eenmanspubliek krijgen, en ik hoopte dat ik zo, een voor een, weer in contact kon komen met mensen die ooit veel voor me betekenden, maar die ik nu al jaren niet had gezien – simpelweg doordat ze niet meer op loopafstand van me woonden.

Om een lang verhaal kort te maken: ik voelde me al een tijdlang afgeleid, afgezonderd en los van alles om me heen, en ik wilde meer focus, betrokkenheid en verbinding.

Een Dankjaar uitstippelen benadrukt wat belangrijk is

Zodra ik mezelf ervan had overtuigd dat mijn motivatie sterk genoeg was om dit project vol te houden, werd ik enthousiast. Dit werd – tromgeroffel – mijn Dankjaar.

Ik vermeed het woord 'dankbaarheid', omdat ik dat altijd al hopeloos serieus vond klinken. 'Dankbaarheid' rijmt op 'banaliteit'. En dankbaarheid ís een banaliteit.

Ik sloeg de bladzijde om en begon met een lijst van mensen die ik de week daarop wilde bedanken, van 1 tot en met 7 februari. Wie zou ik morgen schrijven? Mijn moeder lag voor de hand, maar wat was de aanleiding? En wie koos ik op 2 februari? Jake? Hij had net de wc in de badkamer ontstopt. Erg romantisch zou dat bedankje niet worden, maar daar ging het ook niet om.

Misschien moest ik dit anders aanpakken en de eerste persoon bedanken die iets aardigs voor me deed. Morgen zou ik weer in Summit zijn. Ik kon Cally bedanken, die me voor deze adviesklus had ingehuurd. Of degene die mijn lunch maakte. Maar was dat dan de kassamedewerker of degene die de sla sneed?

Ik realiseerde me dat mijn ongestructureerde manier van denken niet werkte. Niet alleen het doel moest specifiek zijn – één bedankje per dag –, maar de methode ook. Als ik de ontvangers willekeurig koos, zou ik binnen een maand al opgeven.

Gelukkig had ik eerder met dit bijltje gehakt. Tijdschriften worden maanden van tevoren uitgedacht, met een redactiekalender, en ik had jaren in de tijdschriftenwereld gewerkt. Ik probeerde me de *spreadsheets* voor de geest te halen die ooit mijn leven hadden bepaald. Bij *O, The Oprah Magazine* kreeg elke maand een eigen thema: leeftijd, kracht, dankbaarheid (uiteraard), enzovoorts. Bij *Food & Wine* waren er maanden over reizen, wijn, de beste nieuwe chefs. Elke vaste rubriek – boeken die het verschil maken, halfuurrecepten – kreeg in zo'n spreadsheet een eigen regel, en gaandeweg vulden we elke cel met een specifiek onderwerp. Door alle rubrieken en reportages zo ver van tevoren in te plannen ontstond er een tijdschrift. Ontstonden er artikelen.

Dit project had ook structuur nodig. Ik moest gewoon een redactiekalender maken en elke cel invullen. Het thema van januari was liefdadigheid geweest. Voor februari kon ik een nieuw onderwerp kiezen, en ook voor elke maand daarna.

Ik begon wat themaideeën neer te pennen. Welke onderwerpen vond ik belangrijk? Vrienden, natuurlijk, en familie. Buren! Mijn werk. Het ouderschap… Ik kon iedereen bedanken die me bij dat krankzinnige avontuur had geholpen. Dat waren al vijf thema's – zes, als ik liefdadigheid meetelde. Ik was halverwege.

Politiek, misschien? Ik kon politici en organisaties bedanken die zich hardmaakten voor dingen waarin ik geloofde. Ik zou elke dag de krant kunnen lezen en namen kunnen opschrijven van mensen die… Oké. Stop. Dit begon als huiswerk te voelen.

Op dit moment ontstond de basisregel die ik het hele jaar heb gevolgd: als je een potentieel obstakel spot, een tijdvreter die de voortgang dreigt te dwarsbomen, bedenk dan hoe je dat kunt weghalen. Dit project was al ambitieus, dus als ik het wilde volhouden, moest ik onderwerpen kiezen waar ik om gaf. Geen onderwerpen die als een moetje voelden, hoe grootmoedig en nobel ook.

Maar om welk onderwerp gaf ik dan wel? Er kwam spontaan een woord in me op: eten. Natuurlijk, dacht ik met een lach. Laat het maar aan mij over om iets over eten te laten gaan. Zou ik de bedankjes aan etenswaren schrijven? Aan mozzarella en pasta en roomijs? Dat zou een leuke schrijfoefening zijn, maar… nee. Ik moest de mensen áchter mijn favoriete etenswaren schrijven. En daarna: reizen. Ik kon de mensen bedanken die mijn mooiste vakanties de moeite waard hadden gemaakt. En boeken! Ik kon de schrijvers van mijn lievelingsboeken bedanken.

Nu ik het toch over mijn favorieten had: Jake. Ik kon hem natuurlijk meepakken in mijn familiemaand, maar misschien verdiende hij wel een eigen maand? In december werd hij veertig. Ik kon hem elke dag een kaart cadeau doen.

Ik had inmiddels nog maar twee onderwerpen nodig. Wat vond ik nog meer belangrijk? De laatste twee ideeën bedacht ik tegelijk: thuis en gezondheid. Allebei waren ze onmisbaar voor geluk.

Mijn plan was compleet. Ik zou vrienden, familieleden en buren schrijven. Ik zou mijn liefde voor boeken, reizen en eten nieuw leven inblazen. Ik zou een eerbetoon brengen aan mijn huis, mijn gezondheid en mijn man. En ik zou de mensen bedanken die me hielpen bij het ouderschap en mijn carrière.

Ik bekeek de lijst met thema's en voelde iets op zijn plek vallen. Ik structureerde mijn innerlijk, bracht mijn diepste zelf in kaart en maakte een plan om weer in contact te komen met delen van mezelf die ik was kwijtgeraakt. Ik kreeg vat op de confetti.

Wat betreft het laatste item op mijn motivatielijstje – *Ik ben benieuwd wat er allemaal voor moois uit voortkomt* – vroeg ik me af wat er zou gebeuren als ik mijn dankbaarheid de wereld in zou sturen. Wat zou ik ervan merken? Welke verrassingen zouden er mijn kant op komen? Zou ik er iets van leren? En zou het kortetermijngeluksgevoel dat ik ervoer als ik een kaart schreef ook mijn algehele geluksgevoel een boost geven?

Ik zou dicht bij huis beginnen, besloot ik terwijl mijn trein Penn Station binnenreed. De volgende dag zou ik mijn buren schrijven.

ZO PLAN JE EEN DANKJAAR

Twaalf thema's bedenken is een sterk staaltje zelfliefde: je neemt jezelf serieus genoeg om na te denken over wat voor jou het belangrijkste is.

1. ***Brainstorm over thema's.*** Voel je vrij om er een paar van mij over te nemen, zoals vrienden, familie, buren of mentors op je werk. Maar het gaat uiteindelijk om jou. Vraag jezelf: waar hou ik van? Welke hobby's of gewoontes vind ik belangrijk? Welke herinneringen wil ik opnieuw beleven? Zet een timer op vijf minuten en schrijf al je ideeën op.
2. ***Kies er twaalf.*** Onderstreep de opties die het sterkste gevoel bij je oproepen, waarbij je gelijk al potentiële ontvangers bedenkt. En zitten er onderwerpen tussen die als een verplichting voelen? Streep die ideeën door.
3. ***Verfijn je thema's.*** Duik in de thema's die je hebt onderstreept en bedenk of je ze breed wilt houden (theater, muziek, reizen), specifiek (Sondheim-musicals, jazzconcerten, trips naar Italië), of een beetje van allebei. Kijk naar je lijst, die nu steeds meer vorm krijgt. Voelt het als een blauwdruk van je innerlijk? Mist er nog iets?
4. ***Koppel de thema's aan maanden.*** Denk na over welke onderwerpen bij welk jaargetijde passen. Ik droeg mijn zomermaanden op aan lichtere thema's – eten, reizen – en bedankte mijn werkmentors in september; toch een iets serieuzere taak. November leek me een goeie maand om mijn familieleden te bedanken, aangezien ik veel van hen met Thanksgiving zou zien.
5. ***Blijf flexibel.*** Onthoud dat deze lijst vooral een schets is. De rest van het jaar ga je hem verder uitwerken, herzien en updaten.

HOOFDSTUK TWEE

FEBRUARI: BUREN

Hoe kaarten aan je buren je kunnen verankeren in de gemeenschap

LES: relaties waar je weinig moeite voor doet, kunnen veel impact hebben.

VERRASSING: grootse kleine gebaren gebeuren nu.

VOORDEEL: dankbaarheid maakt de band met je omgeving sterker.

Ik begon met mijn buren omdat dat me het makkelijkst leek. Ik had er een heleboel, dus het kon niet moeilijk zijn om te bedenken wie ik wilde bedanken – en de bedankjes zelf hield ik gewoon simpel, kort en lief. Ik hoefde me niet druk te maken over adressen of postzegels, want ik kon de kaarten persoonlijk overhandigen. En ik hoefde ook geen ingewikkelde emoties over te brengen, of leraren of vrienden van vroeger op te sporen.

Ik woon in Carroll Gardens in Brooklyn, een spreekwoordelijk wandkleed van oud (eeuwenoude Italiaanse bakkerijen, slagerijen en schoenmakers) en nieuw (pilatesstudio's, getatoeëerde barbiers, prijswinnende cocktailbars). Mijn vriend Peter, een journalist, heeft eens op de radio gehoord dat er in onze buurt per persoon meer kleuters wonen dan waar dan ook in de VS, en als je de stoet aan kinderwagens op de stoepen voor de brownstones ziet, dan geloof je dat meteen. In september worden de straten om beurten afgesloten voor buurtbarbecues met springkussens, en in oktober, rond Halloween, kleven er aan de daken enorme opblaasspinnen. Natuurlijk zijn er ook nadelen – de prijzen in de supermarkt zijn schaamteloos hoog, onze favoriete restaurants zitten zelfs op een ijskoude dinsdagavond in februari propvol en in de speeltuin moet je opletten voor ratten én rattengif –, maar over het algemeen is dit toch wel mijn idee van *small-town America*. Mijn Mayberry. Met mozzarella.

Op 1 februari liep ik over Clinton Street. Het regende en ik was aan het overpeinzen welke buren ik allemaal wilde bedanken. Ik zwaaide naar een onderbuurvrouw in onze oude flat, en terwijl ik langs Henry's school liep, dacht ik aan de klassenouders. Ik racete naar huis om een lijstje op te stellen van de fijne mensen om ons heen, maar mijn pen kon me amper bijhouden. Na bijna tien jaar in deze buurt kunnen we amper nog naar het park zonder een bekende tegen te komen. Soms proberen we onze jongens mee naar buiten te krijgen door met ze te wedden wie we tegen het lijf zullen lopen.

Ik moest mijn lijst van ongeveer 40 mensen inkorten tot 28: één voor elke dag van februari. Misschien moest ik gewoon de buren doorstrepen die ik... het minst aardig vond? Of andersom, een sterretje achter mijn favorieten zetten? Mijn pen bleef boven het papier zweven. Het voelde niet goed. Een dankbaarheidsproject is geen populariteitswedstrijd.

Ik liet de lijst even links liggen en probeerde te bedenken wat ik dan precies zou schrijven, bijvoorbeeld aan onze vroegere onderbuurvrouw. Bedankt dat je... naar ons zwaait als je ons ziet?

De kaarten moesten weliswaar simpel zijn, maar niet simplistisch. Ze mochten best een beetje vlees op de botten hebben. Misschien zou deze maand toch niet zo makkelijk worden als ik dacht.

Ik dacht terug aan wat ik als tijdschriftredacteur altijd deed als ik moeite had om een rubriek te vullen. De tien beste gerechten in een stad, bijvoorbeeld, of reistips voor dummy's. Was er geen enkele stad meer die haar lekkerste maaltijden opgetekend wilde hebben? En kon ik simpelweg geen reistips meer bedenken? Dan wist ik dat de rubriek op zijn retour was. Ik moest een nieuwe verzinnen, en hoe specifieker de invalshoek was, hoe sterker de rubriek zou zijn.

Misschien was 'buren' te vaag. Net zoals mijn Dankjaar een redactiekalender nodig had, zo had februari een specifieke invalshoek nodig. Alleen op die manier kon ik beslissen welke buren ik wilde bedanken – en met welke woorden.

Ik mijmerde over het woord 'buur' en over wat het betekent om er een te zijn. In mijn hoofd dook een enigszins oubollig beeld op van iemand die zomaar voor de deur staat met een bord koekjes en je op het hart drukt om vooral langs te komen als je een kopje suiker nodig hebt.

Hoewel je tegenwoordig op tig andere manieren aan suiker kunt komen, gaven sommige mensen me nog altijd dat buurgevoel. Ik dacht aan Marcie, de oprichter van mijn vrouwennetwerkclub in Brooklyn die ons een klaptafel had geleend voor het kerstdiner en er een punt van had gemaakt om hem zelf bij ons langs te brengen en weer op te halen. Jake en ik noemden haar altijd 'de vrouw die Kerstmis redde'.

Door sociale media zijn verre vrienden tegenwoordig altijd dichtbij, dus de goede buur is wat minder belangrijk geworden. Als iemand dan toch een keer een tafel uitleent, valt dat extra op. Ik besloot de mensen in mijn community te schrijven die iets aardigs hadden gedaan voor mij of mijn gezin. Daar zouden de kaarten over gaan: ik zou hun grootse kleine gebaren benoemen en vertellen hoe het was geweest om ze te ontvangen.

Relaties waar je weinig moeite voor doet, kunnen veel impact hebben

Nadat ik Marcie had geschreven, bedacht ik welke winkeleigenaren en -medewerkers aardig voor ons waren geweest. Mensen als Emma en Michael, van onze lievelingsboekhandel, die Henry en mij op een ochtend hun etalage in hadden zien turen. *Henry vond het een van de leukste dingen ooit om voor openingstijd in jullie winkel op* Mary Poppins *te dansen*, schreef ik. *Bedankt daarvoor, en voor de oprichting van Books Are Magic. We voelen ons er enorm thuis. PS: Ik schrijf dit met een Books Are Magic-pen!*

Toen ik begon aan onze favoriete Italiaanse delicatessenzaken, merkte ik al snel dat we die niet alleen bezochten vanwege de verse mozzarella, ravioli, risottoballetjes en auberginesc hotel die we allemaal zo lekker vonden. We maakten een omweg voor Caputo's vanwege Gianluca. *Dank je wel dat je altijd zo aardig & vriendelijk voor mij en mijn kinderen bent*, schreef ik hem. *Boodschappen doen bij Caputo's, bij ons thuis beter bekend als de mozz-a-YA-YA-winkel, is meestal het leukste uitje van onze week, en dat komt vooral door jou.*

Esposito's Pork Store wordt bewaakt door een standbeeld van een varken dat anderhalve meter hoog is en een schort draagt. Binnen ruikt het precies zoals vroeger in mijn oma's keuken in Queens, en de eerste keer dat ik er binnenstapte, sprongen de tranen me in de ogen van de nostalgische geur van pruttelende tomatensaus met flink veel uien. (Jake zou nu zeggen dat er sowieso weinig voor nodig is om mij te laten huilen.) Als je haast hebt, kun je Esposito's – of Espo's, zoals wij de zaak noemen – beter even overslaan. Degene voor je in de rij maakt onvermijdelijk een praatje met een van de twee Esposito-broers: over de Yankees, de ingrediënten van marinarasaus of welke feestdag er ook maar aan zit te komen. Ik word daar altijd jaloers van, omdat het voelt alsof ik als buitenstaander naar een idyllisch buurtmoment kijk. Ik hoopte dat een kaart aan de Esposito-broers, die me weleens risottoballetjes hadden meegegeven en verse kippensoep voor me hadden gemaakt, zou fungeren als een toegangsticket tot dat besloten kringetje.

Met Alex, de eigenaresse van koffietent Cantine, kon ik het goed vinden sinds ik 's ochtends vroeg een keer wanhopig haar zaak was binnengelopen. Ik had net mijn glazen koffiemaker kapot laten vallen, mijn vader en zijn partner Haydee waren bij ons op bezoek en iedereen was nódig toe aan koffie. Toen Alex mijn gezicht zag betrekken terwijl ze me vertelde dat ze nog niet open was, schonk ze me spontaan enorme meeneembekers koffie in. Gratis. *Je had door dat het een noodgeval was*, schreef ik haar. *Dat betekende heel veel voor me.*

Ik wilde mijn buren bedanken voor hun kleine maar belangrijke aardige gebaren, die me beetje bij beetje het gevoel hadden gegeven dat ik bij het interieur hoorde van dit stukje van de stad.

Terwijl ik de kaarten schreef, kwam ik weer in die vertrouwde, kalmerende, meditatieve focus – maar deze keer voelde ik ook iets nieuws. De kaarten die ik in januari had geschreven, had ik belóófd aan de City Harvest-donateurs. Voor de kaarten voor mijn buren gold het tegenovergestelde: ze waren onverwacht en hadden een *random-act-of-kindness*-tintje. Ik vond het bijna een beetje spannend, alsof ik een geheim had. Elf geheimen, om precies te zijn, die binnenkort in andermans brievenbus lagen.

Even hield ik halt. Misschien vindt Gianluca dit wel raar, dacht ik, en worden onze winkelbezoekjes straks heel ongemakkelijk. En wat als Marcie me hierdoor ongelooflijk oncool vindt? Maar zelfs het meest pessimistische antwoord was niet erg genoeg om in mijn eigen gedachten mee te gaan.

Later ontdekte ik ook dat die ongemakkelijkheidsangsten nergens voor nodig zijn. Sociologen hebben via allerlei onderzoeken bewezen dat contact maken met een vreemde (dit hoofdstuk, pagina 37) of een bedankje schrijven aan een vriend (hoofdstuk 7 en 13, pagina 119 en 215) veel minder ongemakkelijk is dan je denkt – en dat het vaak heel veel voor de ontvanger betekent.

Ik stopte de kaarten in mijn rugzak en pakte ze er een voor een uit terwijl ik langs Books Are Magic, Caputo's, Esposito's Pork Store en Cantine liep. Ondertussen oefende ik wat ik wilde zeggen tijdens het overhandigen van de kaart. Dat ging – hou je vast – ongeveer zo: 'Hoi! Ik heb een kaartje voor je geschreven. Alsjeblieft.'

Mijn plan was om niet te veel nadruk te leggen op het overhandigingsmoment en de kaart zelf het werk te laten doen. Maar zelfs mijn ingestudeerde zinnetje was niet nodig, want de ontvangers waren bijna allemaal weg toen ik langskwam. Dat maakte het nog makkelijker: 'Dit kaartje is voor Emma en Michael. Wil jij het aan ze geven?' Zo simpel was het.

De reacties kwamen vrijwel direct. Emma appte me: 'Jij bent de aardigste vrouw ter wereld.' (Wat niet zo is. Ik vroeg Jake om een voorbeeld van mijn minder aardige eigenschappen en hij wist er meteen drie op te noemen. De details laat ik maar achterwege.) En de volgende keer dat ik bij Caputo's binnenstapte, kwam Gianluca achter de toonbank vandaan om me te omhelzen en te vragen of ik soms ging verhuizen. 'Ik werd helemaal emotioneel van je kaart,' zei hij.

Dat gesprek bleef nog weken daarna in mijn hoofd rondzweven. Zelfs nu ik het een jaar later opschrijf, kan ik een glimlach niet onderdrukken. Mijn dankbaarheidsproject was nog maar net begonnen, en ik ervoer gelijk al drie vormen van geluk: de meditatieve tevredenheid tijdens het schrijven, de gezonde spanning tijdens het bezorgen en het plezier tijdens het ontvangen van de reacties van de nietsvermoedende geadresseerden.

En dit waren niet eens de mensen met wie ik het hechtst was, maar de mensen die het verst van me af stonden. Ik had niet verwacht dat ik zó blij zou worden van contact met hen.

Om wat dieper in de materie te duiken nam ik contact op met Gillian Sandstrom, die meewerkte aan een onderzoek naar het belang van zogenaamde zwakke relaties – vage bekenden. Ze gaf 111 mensen een clicker om zes dagen lang contacten met zwakke en sterke relaties te markeren. De deelnemers die het meest contact hadden met zwakke relaties bleken gelukkiger dan de rest en hadden vaker het gevoel dat ze ergens bij hoorden.

Ik vroeg Sandstrom waarom vage bekenden (die je dus niet echt kent) zo belangrijk voor ons zijn. Ze somde eerst vijf redenen op waarom relaties er überhaupt toe doen: ze zorgen voor prikkels, plezier, sociaal vergelijkingsmateriaal, emotionele ondersteuning en het gevoel dat we bewonderd en gerespecteerd worden.

'Zwakke relaties kunnen ons prikkelen,' zei ze. 'We kunnen er iets van leren, omdat het vaak andere mensen zijn dan wij. Daarnaast zorgen ze voor plezier, en hoewel ze meestal niet aan alle vijf de redenen voldoen, want waarschijnlijk bieden ze je bijvoorbeeld geen emotionele ondersteuning, vormen ze wel een toegangspoort tot een breder spectrum aan sociale ervaringen.'

De vriendelijke praatjes met Gianluca en de winkeleigenaren uit mijn buurt betekenden dus iets. Ze waren niet alleen gezellig, maar vervulden een menselijke behoefte aan verbinding en prikkeling. Blijkbaar zijn zulke relaties belangrijk. Op drukke dagen waarop ik geen tijd heb om af te spreken met een vriend en zelfs amper een moment heb om met Jake te bellen (de meeste dagen dus), is het goed om te weten dat die korte praatjes ook tellen als sociale contacten. Samen vormen ze een opeenstapeling van kleine sprankjes tevredenheid en blijdschap. Voor mij én voor hen.

'Onze sterke relaties zijn het belangrijkst,' zei Sandstrom. 'Maar daar gaat wel een hoop werk in zitten. Zwakke relaties vervullen je behoeften niet zoals iemand dat kan die dicht bij je staat, maar ze helpen ons wel een heel eind op weg naar tevredenheid.'

Ze legde uit waar de term 'zwakke relaties' vandaan kwam. Die dook voor het eerst op in 1973, in een Stanford-onderzoek van Mark Granovetter. Hij ontdekte dat mensen eerder een baan vinden via zwakke dan via sterke relaties. 'Sterke relaties zitten in je eigen kringetje,' lichtte Sandstrom toe, 'dus ze zijn minder nuttig dan zwakke relaties. Via zwakke relaties krijg je meer informatie – dat is een van de grote voordelen. We worden niet zo vaak verrast, maar de kans dat je verrast wordt door iemand die je niet kent, is groter dan de kans dat je verrast wordt door iemand die je wel kent.'

Verrast worden is de andere kant van de ongemakkelijkheidsmedaille. 'Het ik-weet-niet-wat-er-gaat-gebeuren-gevoel dat mensen ervan weerhoudt om een gesprekje aan te knopen met een vreemde blijkt vaak ongegrond,' zei Sandstrom. Ze vertelde me over een onderzoek van Nicholas Epley en Juliana Schroeder aan de University of Chicago, die deelnemers vroegen om onderweg naar hun werk met een vreemde te praten. Op de dagen dat ze dat deden, voelden de deelnemers zich beter dan wanneer ze het niet deden. Epley vatte dat poëtisch samen: 'Niemand zwaait, maar iedereen zwaait terug.'

'Jij bent degene die zwaait,' zei Sandstrom tegen mij, 'en die mensen hebben we nodig.'

Na haar onderzoek naar zwakke relaties, dat ze in 2014 uitvoerde, verlegde Sandstrom haar aandacht naar gesprekken met vreemden. Ze probeert te begrijpen wat mensen daar spannend aan vinden en hoe ze die drempel weg kan nemen. 'Ik leer mensen hoe ze een gesprek kunnen beginnen,' vertelde ze. 'Mensen willen verbinding, maar ze weten niet goed hoe. Daardoor blijven we altijd steken bij het weer. Maar jouw bedankkaarten geven mensen de kans om een gesprek aan te knopen dat dieper gaat dan dat.'

Dat was waar. De kaarten openden een deur naar een relatie-upgrade. Marcie en ik hadden laatst bijgekletst met een kop koffie bij een bakkerij. Alex van Cantine had me uitgenodigd voor een happy hour voor vaste klanten. Ik was al bevriend met Emma, van de boekhandel, maar sinds die *Mary Poppins*-ochtend is onze vriendschap nog hechter. Ze zat tegenover me tijdens een intieme verjaardagslunch.

Er kan van alles gebeuren als je als eerste zwaait.

Grootse kleine gebaren gebeuren nu

Nadat ik de eerste elf kaarten had bezorgd, liep ik over Court Street, langs een paar van mijn favoriete restaurants, en vroeg ik me af welke buren ik nog meer kon bedanken. Er kwamen niet gelijk herinneringen bovendrijven, maar ik vertrouwde erop dat dat nog wel zou gebeuren.

Terwijl ik de dagen daarna mijn best deed om herinneringen op te halen, gebeurde er iets grappigs: ik werd me bewust van de vriendelijkheid om me heen. Een van mijn buren kreeg medelijden met me toen ik mijn auto probeerde te parkeren. *Ik hoop dat dit je huis is!* schreef ik. *Bedankt dat je mijn auto wilde fileparkeren en dat je zo aardig was. Na een pauze van twintig jaar ben ik net weer begonnen met autorijden en ik vind het best spannend.*

De chauffeur van de pendelbus zag dat ik op hem af kwam rennen: *Bedankt dat je op me wachtte toen ik de bus probeerde te halen. En bedankt dat je 's ochtends altijd zo aardig bent.*

De kassamedewerker bij de supermarkt was me achternagehold: *Bedankt dat je achter me aan kwam met de tas boodschappen die ik had laten staan. Daarmee bespaarde je me een hoop gedoe, en dat waardeer ik echt.*

Normaal gesproken had ik deze momenten waarschijnlijk ook wel opgemerkt, maar ik zou ze ook weer zijn vergeten. Omdat ik nu op zoek was naar redenen om bedankjes te schrijven, kon ik de vluchtigheid vastgrijpen en het fijne gevoel via de kaarten wat langer rekken. Zo gaf ik de positiviteit door aan de mensen die haar hadden veroorzaakt.

Op de dag waarop ik het bedankkaartje bij de kassamedewerker bezorgde, kwam mijn schoonmoeder Lu langs met zalmburgers voor het avondeten en een nieuwe winterjas voor Henry. Overal om me heen waren mensen blijkbaar aardig – niet alleen in mijn buurt, maar ook in mijn huis.

Lu woont in Manhattan en is technisch gezien geen buurvrouw. Maar het voelde niet goed om de kassamedewerker te bedanken voor iets wat zes minuten had gekost, en vervolgens niet stil te staan bij de úren die Lu aan ons besteedde. Ik was oprecht van plan om in februari 28 buren te schrijven, maar betekende dat dan dat ik maar tot november, mijn familiemaand, moest wachten om Lu te bedanken? Alleen maar omdat ik dat nou eenmaal zo had bedacht?

Ja, iedere maand draaide om een thema, maar ik besloot dat het prima was, goed zelfs, om tussendoor ook bedankjes aan familieleden en vrienden te schrijven.

Naast Lu bedankte ik in februari ook mijn moeder, die ons kleren stuurde voor de kinderen; mijn vader, die een kist met sinaasappels en avocado's uit zijn eigen tuin op de post deed; zijn partner en haar zus, die me hielpen met mijn kinderen en de was; mijn zus, die souvenirs voor ons meenam uit Oaxaca; en mijn broer, die bij Henry op de vloer lag tot hij rustig was en in slaap viel.

En toen ik dat allemaal in ogenschouw nam, de oogst van slechts één maand, realiseerde ik me ontroerd hoeveel hulp ik eigenlijk kreeg – van zowel zwakke als sterke relaties.

Dankbaarheid maakt de band met je omgeving sterker

De eerstvolgende keer dat ik Esposito's binnenstapte, zei de kassamedewerker voor het eerst mijn naam. Ik keek hem nieuwsgierig aan. 'Ik ken jou,' zei hij met een lach, en hij wees richting de keuken. Daar, op de muur, hing mijn kaart.

Beste John,

Een paar jaar geleden kwam ik bij Esposito's, zwanger en met een erg lege maag. Ik bestelde vier risottoballetjes, maar ik kon er maar twee betalen (realiseerde ik me toen ik mijn portemonnee pakte). Toch gaf je me die vier balletjes – en je deed er nog twee extra bij. Bedankt dat je zo gul en aardig was. Ik ben het nooit vergeten. We hebben maar geluk met Esposito's in de buurt.

Liefs, Gina

Ik bleef maar kijken naar mijn naam. Een stukje van mij woonde nu hier, op de plek die me zó aan de naar tomatensaus geurende kelder van mijn opa en oma deed denken dat ik er ooit om had moeten huilen. Het voelde alsof mijn naam in het wandkleed van mijn buurt was genaaid.

ZO BEDANK JE JE BUREN

1. ***Bedenk hoeveel bedankjes je wilt schrijven.*** Het hoeven er geen 28 of 30 te zijn, maar zelfs als het er 4 zijn – elke week eentje – is het handig om een doel te hebben. Daardoor bedenk je onvermijdelijk ook mensen die minder voor de hand liggen, maar die uiteindelijk misschien wel het meest interessant zijn van de hele batch.
2. ***Maak het specifiek.*** Het klinkt paradoxaal, maar harde grenzen zijn goed voor je creativiteit. Ik schreef specifiek buren die me een plezier hadden gedaan.
3. ***Kijk om je heen.*** Haal herinneringen op, maar wees je ook bewust van de fijne dingen die om je heen gebeuren.
4. ***Stap van het thema af.*** Als het een gewoonte begint te worden om stil te staan bij grootse kleine gebaren, zul je ze vaker opmerken – uit alle hoeken. Dus niet alleen die van je buren, maar ook die van vrienden, collega's, familieleden. Bedank hen ook. Je wilt je doel immers behalen.
5. ***Maak er een foto van.*** Maak er een gewoonte van om de kaarten die je schrijft te fotograferen. Aan het eind van het jaar is het fijn om terug te kijken op alle dankbaarheid die je hebt geuit.
6. ***Bezorg de kaarten.*** Denk niet te veel na over wat je moet zeggen; laat de kaart het werk doen.

HOOFDSTUK DRIE

MAART: VRIENDEN

Hoe 'weet-je-nog?'-kaarten relaties versterken en wonden helen

LES: nostalgie kan door de brievenbus.

VOORDEEL: vrienden van vroeger bedanken kan louterend zijn.

VERRASSING: lang verloren vrienden zijn niet altijd verloren.

Nadat ik in februari mijn nabije relaties had versterkt, besloot ik maart op te dragen aan vrienden die verder weg wonen.

Zodra ik begon met mijn lijst van ontvangers, wist ik gelijk wat de insteek zou zijn. Boven aan de pagina schreef ik: *Vrienden die ik mis (dus die niet in New York wonen).* Omdat ik ben opgegroeid in Californië en naar school ging in Michigan, kon ik een heleboel namen bedenken.

De echte uitdaging diende zich aan toen ik me afvroeg wat ik ze zou schrijven. Ik probeerde eerst de tactiek die ik bij mijn buren had gebruikt en dacht terug aan momenten waarop mijn vrienden me geholpen hadden. Maar het voelde raar om mijn vriendin Kristy te bedanken omdat ze me in 1999 had geleerd hoe ik mijn haar moest steilen. Dan werd deze maand een taak waar ik geen zin in had: oude herinneringen ophalen aan kleine en grote gunsten.

Vriendschap draait bovendien niet om gunsten. Ik wilde mijn vrienden simpelweg bedanken omdat ze zichzelf zijn, maar als ik dat op zou schrijven, dan kopieerde ik in feite gewoon de titelsong van *Golden Girls*, en dan ook nog zonder dat ik daar toestemming voor had. De kaarten zouden kort en inwisselbaar zijn (*Bedankt voor je vriendschap, ik hou van je*), of juist lang en ongestructureerd, in een poging om alles wat de vriend in kwestie voor me betekende in woorden te vangen.

Ik pakte er een doos met foto's bij in de hoop dat die me op ideeën zouden brengen. Bovenop lag er een van mijn laatste bezoek aan de plaats waar ik ben opgegroeid: Palos Verdes in Californië, een schiereiland in het zuidelijkste puntje van Los Angeles County. Mijn vriendin Katrina, mijn bff sinds groep acht, had een feestje georganiseerd voor de eerste verjaardag van mijn jongste zoon Charlie. We staan met zes meiden op haar oprit, die is versierd met Katrina's zelfgemaakte vilten slingers, en we lachen terwijl we ons best doen om onze kronkelende kinderen vast te houden. Mijn hart stroomde die dag over.

Ik herkende opluchting in mijn lach: mijn vrienden van vroeger waren nog steeds mijn vrienden. We liggen immers niet meer de hele dag te verbranden op het strand, en gaan 's nachts ook niet meer skinnydippen, zoals op de middelbare school. We klimmen niet meer via het geheime paadje naar de aanleg-

plaats bij de kliffen van Lunada Bay om sigaretten te roken, want we zijn geen tieners meer die zich niet druk maken om kanker of sterke stromingen of gladde rotsen. We zíjn geen kinderen – we hébben kinderen. Elk jaarlijkse bezoek is weer een jaar verder weg van die onbezorgde dagen. Naarmate de periodes tussen die bezoeken langer werden en de herinneringen vager, was ik bang dat ik deze vrienden kwijtraakte.

Verderop in de schoenendoos vond ik foto's van dezelfde groep meiden: als bruidsmeisjes op elkaars bruiloft en als kleine veertienjarigen in veterbikini's en tie-dye-shirts. Ik vond foto's van studievrienden met korte, warrige kapsels en rozijnkleurige lippenstift, en zonder dat ik er erg in had, was er ineens meer dan een uur verstreken; schoenendozen met foto's zijn het Instagram van het pre-internettijdperk. Ik gloeide van nostalgie, en ik realiseerde me dat ik dat gevoel, die warmte, dat ik dát wilde overbrengen in mijn bedankjes. Maar hoe?

Ineens herinnerde ik me dat je ansichtkaarten kunt maken van foto's. En ik had nog een paar velletjes postzegels liggen.

Deze foto's begonnen te vergelen en krom te trekken. Zouden ze niet beter tot hun recht komen als instrumenten van mijn dankbaarheid?

Nostalgie kan door de brievenbus

Ik kende de foto-als-ansichtkaart-truc dankzij mijn voormalige leidinggevende Maile Carpenter. Zij maakte haar kerstkaarten altijd van foto's die ze verpakte in cellofaan. Ik vroeg haar per mail om advies, en ze antwoordde gelijk: 'Grappig dat je dat nog weet! Vroeger plastificeerden we onze foto's altijd en plakten we er een postzegel op, maar dat kun je ook doen met hersluitbare cellofaanzakjes, zoals deze.' Ze stuurde behulpzaam een link mee naar transparante plastic enveloppen, en ik gooide ook gelijk verzendlabels in mijn winkelmandje, en stiften waarmee je direct op een foto kunt schrijven. (Internet leidde me richting de universele stiften van Staedtler Lumocolor.)

Een paar dagen later was alles binnen en kon ik proefdraaien. Met mijn speciale stift schreef ik een testbericht direct op de achterkant van een foto en ik stopte hem in een transparante cellofaanenvelop. Dat paste maar net; ik scheurde de naad van drie enveloppen voor ik de foto erin kreeg.

Ik maakte ook een exemplaar waar ik een verzendlabel achterop plakte. Het overlappende randje vouwde ik rond de foto. Niet supernetjes, maar prima.

Beide prototypes nam ik mee naar ons lokale postkantoor, Cobble Hill Variety Mailing aan Henry Street. Omar, de vriendelijke eigenaar, bekeek mijn knutselwerk en wees de wat rommeligere optie met het verzendlabel aan als de winnaar. Het cellofaan beschermde weliswaar de foto, zei hij, maar het was aardig dun en zou onderweg waarschijnlijk beschadigen.

Of Omar een bedankkaartje kreeg? Reken maar van yes.

Nu ik de logistiek geregeld had, boog ik me weer over mijn fotodoos om 26 kiekjes te selecteren. Samen met 5 blanco bedankkaarten, waaronder die voor Omar, kwam ik daarmee uit op mijn maartdoel van 31 bedankjes. Ik plakte de labels achterop en tekende verticale lijnen om ruimte te maken voor de adressen en postzegels.

De volgende ochtend husselde ik de foto's onderweg naar New Jersey door elkaar en pakte ik een foto van mij en mijn vriendin Molly uit de stapel, gemaakt tijdens ons semester in het buitenland.

Ik ademde diep in, maakte mijn hoofd leeg en bracht al mijn aandacht naar het beeld. Ik schreef: *Ooit woonde jij in Amsterdam en ik in Italië en maakten we ons helemaal nergens druk om. Waardeer-*

den we dat wel genoeg? We aten ijsjes, dus dat is in elk geval een begin. Ik mis de dagen waarop we samen rondhingen, en ik mis JOU! *Dank je wel voor onze jarenlange vriendschap. Ik ben blij dat ik je ken.*

De volgende foto was er een van mijn vroegere huisgenootje Alison op een scooter en mij met een helm op naast haar, lachend. Je kunt niet aan me zien hoe doodeng ik het vond om met een scooter allerlei Portugese plattelandsweggetjes op te gaan, maar later die dag slipte en viel ik terwijl we een parkeerplaats op reden. *Ik moet lachen om deze foto*, schreef ik. *Het ziet eruit alsof ik weet wat ik doe, hè? Ik heb laatst oude foto's teruggekeken en vond er heel veel van jou en mij. Dank je wel voor al onze vriendschapsjaren. Ik mis je en hou van je, en kan niet wachten tot we elkaar weer zien.*

De bedankjes vloeiden snel en makkelijk uit mijn pen nu ik iets had om over te schrijven: de foto en de herinneringen die erbij hoorden.

Terwijl ik in de flow kwam, begon ik de tekst instinctief te *templaten* en persoonlijke details toe te voegen. Een template is in de tijdschriftenwereld een column of rubriek die in elk nummer hetzelfde format heeft, zodat het onderwerp zowel origineel als voorspelbaar is. Je hoeft dus niet elke keer het wiel uit te vinden, en dat maakt het schrijven makkelijker.

Neem de laatste pagina van een tijdschrift. Dit is een willekeurige selectie van hoe de tijdschriften waar ik werkte die vulden: 'Bekende koelkast', een kijkje in de koelkast van een beroemdheid (*Rachael Ray Every Day*); 'Wat ik zeker weet', een essay door Oprah (*O*); 'Als ik de president was...', een Q&A met een celebrity (*George*); 'Verzoeknummer', het populairste recept van een chef-kok (*Food & Wine*).

Mijn fotokaarttemplate begon met de zin: *Weet je nog dat we jong en zorgeloos waren?* Die openingsregel verwoordde wat ik het meest miste aan de afgelopen decennia: de zeeën van tijd die ik doorbracht met vrienden.

Aan Liz, zittend op het Piazza del Campo in Siena: *Weet je nog dat we jong en zorgeloos waren toen we elkaar leerden kennen in Italië? Niet aan Jake vertellen, maar er is niemand om wie ik zo hard moet lachen als om jou. Zoals Maggie schreef in het gastenboek van de wijnmakerij:* BEDANKT VOOR DE VRIENDSCHAP.

Aan Megan: *Weet je nog dat we eruitzagen als American Apparel-modellen toen we zorgeloze twintigers waren? Ik mis die tijd, en ik mis* JOU. *Dank je wel dat je je grappige, slimme, heerlijke zelf bent, en dank je wel dat je mijn vriendin bent.*

Ik schreef drie verschillende kaarten aan mijn bff Katrina, degene die Charlies eerste verjaardagsfeestje had georganiseerd. Elke kaart kwam uit een andere fase van onze vriendschap: het waren foto's van toen we 11, 16 en 22 waren. Ik had zoveel geweldige exemplaren van ons gevonden dat ik simpelweg niet kon kiezen.

Zodra ik een stuk of vijftien kaarten had geschreven, vroeg ik via appjes om de adressen. De reden hield ik vaag ('Ik wil je een kaartje sturen!'). Ik haalde mijn hemelblauwe adresboek onder het stof vandaan en werkte het gelijk bij, met het oog op alle kaarten die ik het komende jaar nog zou schrijven.

Zelfs een taak zo simpel als adressen verzamelen riep gemengde gevoelens bij me op. Toen mijn middelbareschoolvriendin Paige me haar adres stuurde, zocht ik het op met Google Street View. Dat was niet alleen raar omdat ik niet had verwacht dat dit project me in een stalker zou veranderen, maar ook omdat iemand met wie ik uren en uren had doorgebracht nu in een huis woonde waar ik nog nooit was geweest. Op mijn telefoonscherm verschenen geregeld foto's van haar kinderen, maar ik was nog nooit door dat witte hek en onder die pergola door naar haar voordeur gelopen.

Ik bekeek de kaarten die ik al geschreven had en vroeg me af wat al deze vrienden op dit moment aan het doen waren. Ik stelde me een enorme Sluipwegwijzer voor waarop hun voetstappen van kamer naar kamer oplichtten in hun huizen.

Toen ik de kaarten had verzonden naar huizen in Californië en Seattle en Chicago die ik nog nooit had gezien, bedacht ik dat het tijd kost om oude vriendschappen te onderhouden. En dat tijd iets is wat we ooit wel hadden, maar nu niet meer.

Waarom is vriendschap het eerste wat we opofferen als tijd schaars wordt? Misschien verklaart dat de populariteit van sociale media: we hunkeren allemaal naar vriendschappen van vroeger, maar we nemen genoegen met een nepversie ervan omdat we denken dat dat het enige is waar we tijd voor hebben. Mijn correspondentie van deze maand nam weliswaar wat tijd in beslag, maar was ook waardevoller dan een emoji en efficiënter dan 26 bijkletstelefoontjes. Het kon jaren duren voordat die allemaal zouden plaatsvinden, en ik wilde deze mensen nú mijn liefde en waardering voor onze vriendschap overbrengen. Tot we weer een op een konden afspreken, hoopte ik dat mijn gebaar zou fungeren als een boekenlegger.

De reacties kwamen algauw, in de vorm van het geping van berichtjes met kaarten-vasthoudende selfies. 'Ik kijk elke dag naar deze foto en ik moet er steeds om lachen.' 'Mijn dag kan niet meer stuk!!!!' 'Ik moest huilen om je kaart en mijn dag kan niet meer stuk!!!!' 'Mijn week kan niet meer stuk dankzij je kaart. Inspireerde me om ook een aardig kaartje naar een oude vriend te sturen.' En ik kreeg zelfs een paar ontroerende voicemails.

Toch was het me niet te doen om de enthousiaste reacties. Aan het begin van februari pende ik deze richtlijn voor mijn Dankjaar in mijn notitieboek: *Geef alles. Verwacht niets. Hou niet bij hoeveel reacties je krijgt. Bewaar ze, maar check nooit of je al een reactie hebt gekregen en vraag er ook niet naar.*

Tegelijkertijd waren deze reacties behoorlijk geweldig. Dat ik ervoor had gezorgd dat de dag van mijn vrienden niet meer stuk kon, maakte dat míjn dag niet meer stuk kon, en mijn week, en meer.

Vrienden van vroeger bedanken kan louterend zijn

Naarmate de bodem van de stapel kaarten in zicht kwam, maakten warmte en nostalgie plaats voor spanning en behoedzaamheid. Er waren vier kaarten die ik steeds naar onderen bleef schuiven, en ik had bijna geen andere kaarten en smoesjes meer over die me ervan weerhielden om ze te schrijven.

In mijn notitieboek schreef ik: *Hoe zit het met de mensen die ik niet meer spreek, maar die ooit wel heel veel voor me betekenden?* Deze vier vriendschappen bevonden zich ergens op het spectrum tussen 'het is niet meer hetzelfde' en 'compleet verwaterd'.

Voor het eerst maakte ik me zorgen over hoe mijn kaarten zouden worden ontvangen. In mijn burenmaand had ik elk beetje vertwijfeling, angst of ongemak aan de kant geschoven; de inzet was laag en ik had weinig te verliezen. Nu voelde de inzet echt. Zou de kaart oppervlakkig overkomen? Passief-agressief, misschien? Waarom deed ik dit ook alweer? Was het puur om mijn 31-mensen-in-maart-doel te behalen, of was mijn motivatie oprechter en wilde ik de deur graag op een kier zetten? Zo ja, was een kaart daar dan het juiste middel voor?

Ik begon met de makkelijkste van de vier. Catherine was mijn liefste studievriendin, maar in de jaren na ons afstuderen waren we uit elkaar gegroeid. Op de foto zweven we in een reuzenrad boven het blauwe water van Lake Michigan. *Moet je zien hoe schattig & zorgeloos we waren*, schreef ik. *Zelfs nu we niet meer close zijn, wil ik je laten weten dat ik voor altijd dankbaar ben voor je vriendschap. Je was mijn steun en toeverlaat tijdens onze studie, en onze band was heel belangrijk voor me.*

Jon ontmoette ik toen ik in Florence studeerde. Hij werd een van mijn beste vrienden toen we als twintigers in New York woonden en was mijn enige bruidsjongen. Het werd ingewikkeld toen hij en mijn zus Brigitte verliefd op elkaar werden, gingen samenwonen... en uiteindelijk uit elkaar gingen. We zagen elkaar sindsdien hooguit eens per jaar, als hij weer eens in de stad was, maar het was niet meer hetzelfde. Op de foto staan hij en ik arm in arm met twee vrienden voor het Colosseum in Rome. Ik schreef: *O, man, weet je nog dat we jong & zorgeloos waren & in ontzettend gore hostels sliepen & er ultiem van genoten? Mis die tijd & mis jou. Heel dankbaar voor onze vriendschapsjaren, Jon.*

Vijay was mijn vertrouweling op de middelbare school, en ook tijdens onze studie bleven we hecht. Zeven of acht jaar geleden hadden we voor het laatst bij mij in de buurt afgesproken, maar dat etentje voelde om de een of andere reden gespannen, en sindsdien hadden we geen contact meer gehad. Op de foto draagt Vijay een stropdas met hawaïprint en bretels voor het gala van mijn studentenvereniging. *Weet je nog dat we jong waren & urenlang met elkaar aan de telefoon hingen? Zo fijn. Dank je wel dat je een goeie vriend was toen ik dat nodig had. Ons contact is verwaterd, wat ik begrijp met onze drukke levens, maar ik hoop dat ik je toch weer eens spreek.*

Doordat ik terugging naar het begin van deze relaties en nadacht over hoe ze gaandeweg waren veranderd of verslechterd, werd ik gedwongen om allerlei ingewikkelde gevoelens te verwerken: frustratie, verdriet, gemis. Maar de woorden werkten louterend. Ik voelde opluchting; mijn schouders ontspanden terwijl ik de kaarten schreef.

Ik weet niet wat Catherine, Jon en Vijay dachten toen ik ze per mail om hun adres vroeg. Ik weet wel dat ik bang en zenuwachtig was toen ik de kaarten in de brievenbus om de hoek gooide. Maar ik was al zover gekomen, dus... Op hoop van zegen.

Binnen een week hadden ze alle drie gereageerd. Catherine appte: 'Voor jou heb ik altijd een plekje in mijn hart.' Jon zei dat hij me miste in een mail met als onderwerp: 'Dat was zo lief'. En Vijay schreef me een lange mail vanuit Chicago, waar hij de kaart midden op zijn bureau had gezet. Hij zei dat hij vaak terugdacht aan die periode op de middelbare school en dat hij heel blij was dat ik zijn vriendin was. 'Je hebt mijn leven echt veranderd.'

De reacties zetten me aan het denken over de term 'verwaterd'. Was onze vriendschap als een golf stukgeslagen op het strand? En konden we dan ook weer terug de zee in rollen, elkaar weer leren kennen, door iets simpels als een ansichtkaart?

Mijn plezier werd getemperd door de laatste kaart van de maand – de moeilijkste. Sara paste niet bij mijn insteek, want ze woonde in Brooklyn. Maar hoewel ze fysiek niet ver weg was, was ze dat emotioneel gezien wel. We hadden al jaren geen contact meer; na mijn babyshower verdween ze uit mijn leven. Alsof ze me had gedumpt toen ik moeder werd, omdat onze levens niet meer op elkaar leken.

Op de foto knuffel ik haar van achteren en zijn onze gezichten dicht bij elkaar. Onze vriendschap was als twintiger de belangrijkste die ik had. Ik bewonderde de moedige, kunstzinnige manier waarop ze door de wereld bewoog: ze was zangeres en songwriter in een band, ze nam me mee naar musea en galerieopeningen en ze stelde me voor aan haar onmogelijk modebewuste en fascinerende vrienden. Al vanaf het begin af aan was onze omgang ongedwongen, en we verspilden hele middagen aan gesprekken over boeken en familieproblemen – ze was een uitstekende amateurpsycholoog. In de afgelopen vijf jaar hadden we elkaar één keer ontmoet: ze had contact met me opgenomen om me te vertellen dat ze zwanger was. Maar toen verdween ze weer. Ik ademde diep in, keek naar de foto en begon te schrijven.

Weet je nog dat we zorgeloos waren en allerlei New York-avonturen beleefden? Bevriend raken met jou was alsof er een deur openging naar een magische stad met rosé, kunst, muziek... en daar ben ik je zo dankbaar voor. Ik mis onze lange, luxe gesprekken & brunches en kijk ernaar uit om met je bij te praten.

Ik voelde me compleet kwetsbaar toen ik de kaart door de sleuf in de brievenbus duwde. Er fladderden zelfs vlinders in mijn buik.

Die zenuwen zwollen alleen maar aan toen ik haar naam in mijn inbox zag. 'Tussen alle reclamefolders en creditcardaanbiedingen zaten vandaag de allerliefste foto en tekst ooit,' schreef ze. 'En of ik me die zorgeloze tijd herinner!! Het was zo leuk, en ik weet nog hoe die lange dagen en nachten zich eindeloos voor ons uitstrekten, zonder dat we ons ergens druk om maakten of kleine kiddo's hadden die ons om 6 uur 's ochtends wekten. Ik wil heel graag met je bijpraten. Hoe ziet jouw agenda eruit? Ik glip met liefde even weg van mijn werk om met je af te spreken. Xxxx.'

Lang verloren vrienden zijn niet altijd verloren

Sara zat tegenover me in de gedeelde kantoorruimte waar ik die maand lid van was geworden. Ik moest mezelf dwingen om mijn armen niet over elkaar te vouwen, en zij was ook nerveus; ik merkte het aan haar hoge lachje en aan de manier waarop ze aan haar nagels pulkte.

Na een paar minuten over koetjes en kalfjes te hebben gepraat (het stijlvolle interieur, het uitzicht op de Brooklyn Bridge door het raam) begon Sara te schetsen hoe haar leven er nu uitzag. Ze vertelde dat haar relatie ongeveer een jaar geleden was 'geëxplodeerd', dat ze sowieso al worstelde met het moederschap, en dat het alleenstaandemoederschap nog zwaarder was. Daarbovenop kwam dat ze met reuma was gediagnosticeerd. 'Ik trek me terug als mijn leven overhoop ligt,' zei ze. 'Omdat het me dan niet lukt om plezier uit te stralen.'

Haar kwetsbaarheid was ontwapenend. Ik was verdrietig voor mijn vriendin en had medelijden met haar, maar haar woorden maakten vooral dat er één zin in mijn hoofd bleef rondspoken.

Misschien gaat dit niet over mij.

Vanaf dat moment werd ons gesprek vertrouwd. We hadden het over haar ouders in Vermont, en ze vroeg naar al mijn familieleden, wat algauw ontaardde in een therapiesessie waarbij ik tranen wegwreef omdat ik vertelde over een gespannen weekend met mijn schoonouders. Haar eigenzinnige mix van intelligent luisteren en slim adviseren – we bedachten samen een paar manieren waarop ik met mijn schoonouders kon praten – hielp me enorm op weg, net als vroeger.

De lunch duurde twee uur en veranderde in een werkafspraak. We structureerden foto's tot een *grid* voor een socialmediaklant van mij, en ik corrigeerde een persbericht voor haar volgende expositie. Voordat we afscheid namen, haalde ze een polaroid tevoorschijn die ze op mijn bruiloft had gemaakt en twaalf jaar lang had bewaard. Op de voorgrond zie je mij, vanaf mijn ellebogen naar beneden, terwijl ik sta rond te draaien in mijn jurk. Op de achtergrond staan drie mannen te klappen, van wie er een denk ik mijn vader is. Ik vond het beeld speels en beweeglijk en sierlijk en het vroeg erom om uitver-

groot te worden en ingelijst. Ik had Sara een foto gestuurd, en in ruil daarvoor bracht zij er een mee terug.

We zwoeren plechtig om een keer af te spreken in de galerie die ze runt in de Lower East Side, en drie weken later deden we dat ook. Ze liet me de lopende expositie zien, die bestond uit foto's en installaties van lichtheid en schoonheid in het alledaagse: pepermuntjes gerangschikt op een dienblad; mikadostokjes kunstzinnig verspreid over een podium. We bezochten een andere galerie, struinden daarna door een plantenwinkel en slurpten grote kommen pho op. Onze dynamiek voelde allesbehalve beladen. Het voelde normaal, en ik was zo dankbaar.

Niet veel later legde ze me aan de telefoon uit wat mijn kaart, die nu op haar koelkast hing, bij haar teweeg had gebracht. 'Ik negeer mijn post altijd,' zei ze, 'want het zijn alleen maar creditcardrekeningen – nooit iets leuks. Dus het was heel gek om daartussen een foto van ons te ontdekken. Ik dacht echt: wat is dit voor iets geweldigs? En toen draaide ik hem om en las de tekst. Vooral die zorgeloze dagen bleven nagalmen in mijn hoofd, want mijn leven was het tegenovergestelde geworden van het leven dat ik had toen wij elkaar leerden kennen, en de foto zelf bracht me terug naar die fijne tijd. Ik herinner me dat ik dacht: ik schaam me kapot dat ik nooit meer wat aan Gina heb laten horen. Maar ik dacht ook: Gina houdt nog steeds van me, zelfs nu ik er niet voor haar ben – en ze weet niet eens waarom. Het was een handreiking over de kloof van mijn eigen gedoe.'

Ik vertelde haar op mijn beurt dat ik het moeilijk had gevonden om de foto te versturen. Ik wist bijvoorbeeld niet zeker of een kaart het beste medium was, en ik vroeg haar in welk opzicht het anders had gevoeld dan een mailtje of telefoontje.

'De foto zelf was natuurlijk heel krachtig,' zei ze. 'Hij roept gelijk allemaal gevoelens bij me op. Ik weet wanneer de foto gemaakt is en ik herinner me die periode met een glimlach. En daar komt dan bij dat post een traag communicatiemiddel is, waardoor je gedachten de tijd krijgen. Eerst dacht ik: o, dit is zo aardig, en ze is zo lief. En toen: o god, ik heb het echt verknald. Zou ze nog wel iets van me willen horen? En daarna dacht ik: nou ja, waarschijnlijk wel, want ze heeft me deze kaart gestuurd. Het was echt een groots gebaar, en ik kon op mijn eigen manier reageren, hoe en wanneer ik maar wilde.'

Daarna zei ze: 'Het ontroerde me dat je de moeite had genomen om een kaart te maken, want dat kost veel meer tijd dan een mailtje tikken of de telefoon oppakken. Die moeite kon ik voelen. In de kunstwereld zeggen we: "Je kunt de hand zien", waarmee we de mens in een kunstwerk bedoelen. Voor je kaart gold dat ook.'

Haar mooie woorden herinnerden me aan een van de redenen dat ik zo gek was op Sara: haar unieke, slimme kijk op zaken. Tegelijkertijd maakten ze me melancholisch over de jaren die we niet samen hadden doorgebracht.

Ik begon over de oorsprong van onze verwatering – hoe het samen was gevallen met mijn moederschap. 'Ik was een puinhoop op je babyshower,' gaf ze toe. 'Ik had een tijdje gedatet met een jongen die het net met me had uitgemaakt, en ik dacht echt: waarom neem ik al mijn drama mee naar deze prachtige babyshower?'

Ik vertelde haar dat ik destijds dacht dat ze mijn vriendin niet meer wilde zijn omdat ik een baby kreeg. Ze ademde scherp in door haar neus. 'Dat snap ik,' zei ze. 'Ik dacht hetzelfde over mensen die min of meer verdwenen na de geboorte van mijn baby. Maar zo zat het totaal niet. Ik had het gevoel dat ik mislukt was – op allerlei vlakken. Ik probeer altijd een goeie versie van mezelf aan de buitenwereld te laten zien, en als dat niet lukt, dan weet ik niet meer wat ik dan wel moet laten zien.'

(Ik gooi hem even in de herhaling: misschien gaat dit niet over mij.)

Ze ging door: 'Het spijt me zo. Echt, want zo hoor je niet met je vrienden om te gaan. Je kunt niet zomaar verdwijnen omdat je je depressief voelt. Ik weet dat het lijkt alsof ik heel goed kan praten over mijn gevoel, maar als ik echt met iets worstel, dan kan ik dat niet. Dan ben ik één bonk ellende en blijf ik daarin hangen tot ik op een punt kom waarop ik de woorden achter elkaar kan zetten en met andere mensen kan delen wat ik voel. Maar dat is geen goeie manier om je leven te leven, en dat ben ik nu langzaam aan het leren.'

Ik had Sara niet geschreven omdat ik hoopte dat ze zich zou

verontschuldigen, maar dat ze dat nu toch deed, hielp de wonden van de laatste jaren wel te helen.

'Je kaart zette een domino-effect in gang waardoor we onze vriendschap konden herstellen,' zei ze. 'En daardoor leerde ik een heel waardevolle les: ga er niet van uit dat je iemand zó erg hebt teleurgesteld dat hij of zij je vriend niet meer wil zijn. Misschien is er wel ruimte voor je teleurstellende gedrag, en ruimte om jezelf weer te herpakken. Mensen gaan nou eenmaal onderuit in het leven, en daarna krabbelen ze dan weer op. Ik probeer dat nu ook, zodat ik een betere versie van mezelf kan zijn.'

Dit was een van de eerlijkste en meest waardevolle gesprekken die ik ooit heb gevoerd, en het zou niet hebben plaatsgevonden – niet echt, niet zo diepgaand – als ik dit boek niet aan het schrijven was. Waarom niet?

'We hebben het altijd maar over romantische relaties, en dat je daar hard voor moet werken en zo,' zei Sara. 'Maar waarom kennen we vriendschap niet diezelfde waarde toe?'

De namen van mijn vrienden op een lijstje zetten, oude foto's terugzoeken, opschrijven hoeveel ik ze miste en kapotte relaties herstellen – dat was mijn manier om te zeggen dat vriendschap waardevol is. Jóúw vriendschap is ongelooflijk waardevol voor me. Nog steeds.

ZO SCHRIJF JE 'WEET-JE-NOG?'-KAARTEN

1. ***Bekijk je oude foto's.*** Of ze nou op je computer staan of in een schoenendoos zitten. (Als je geen kopietjes hebt, maak ze dan.) Pak (of print) de foto's waar je om moet lachen of die sterke emoties bij je oproepen.

2. ***Verstevig elke foto.*** Dat kan met een verzendlabel dat net zo groot is als de kaart. Als het label te groot is, knip het dan of vouw het rond de rand. Trek een verticale lijn om aan de rechterkant ruimte te houden voor het adres en de postzegel. (Je weet hoe een ansichtkaart eruitziet, toch?)

3. ***Elimineer alle afleiding.*** Richt je aandacht op degene op de foto en dat specifieke moment. Wat herinner je je nog? Hoe voel je je?

4. ***Probeer te beginnen met deze zin: 'Weet je nog...'*** Deel de herinneringen en gevoelens die de foto bij je oproepen. Je hebt niet veel ruimte, dus wees eerlijk en specifiek.

5. ***Wees aardig als je een verwaterde vriend schrijft.*** Dit is niet het moment om over gekrenkte gevoelens en boosheid te beginnen; dat kun je beter voor een gesprek bewaren. Maar je moet ook niet liegen – niet in je woorden en niet in je toon. Doen alsof is nergens voor nodig. Schrijf vanuit je hart: vertel wat je mist aan diegene en waarom je de herinneringen koestert die de foto bij je oproept. Doe hem dan op de post en kijk wat er gebeurt.

HOOFDSTUK VIER

APRIL: OUDERSCHAP

Hoe kaarten aan het hele dorp je een blijere ouder kunnen maken

LES: een goed bedankje overstijgt de transactie.

VERRASSING: kinderen zijn dankbaarheidssponzen.

VOORDEEL: dankbaarheid kan *mom guilt* verzachten.

De onderliggende boodschap van mijn 'weet-je-nog?'-kaarten aan vrienden was vrij rechtdoorzee: weet je nog dat we geen kinderen hadden? Waar maart had gedraaid om een romantisch beeld van die zorgeloze tijd, hoopte ik dat april, mijn ouderschapsmaand, me zou helpen om de positieve kanten van het ouderschap wat meer te waarderen en de frustraties te verminderen. Misschien kon ik er een beetje van de zonnige magie van de babyjaren mee terugkrijgen.

Vier jaar eerder liep ik in het park, Henry in de draagzak op mijn borst, een baby met ogen als blauwe bessen, toen een man me staande hield en zei: 'Jij voelt je vast de gelukkigste vrouw ter wereld.' Een week later – Henry hing weer in de draagzak – zag ik hoe een vijf- of zesjarig kind een vrouw in een paarse trui sloeg en riep: 'Ik ben gewoon zo móé!' De moeder (denk ik) draaide zich naar me om en zei met een haast dreigende stem: 'Geniet van je baby. Beter wordt het niet.'

Ik slikte even en greep Henry wat steviger vast, stiekem heel blij met hoe goed we het hadden. Elke dag leek weer nieuwe wonderen te brengen en 's avonds huilde ik letterlijk van dankbaarheid.

Als ik Henry naar bed bracht, las ik altijd voor uit het ontroerende prentenboek *Wherever You Are, My Love Will Find You* van Nancy Tillman, een cadeau van mijn Californische vriendin Sam. Bij deze zin kreeg ik het steevast te kwaad: 'En als je ooit eenzaam bent, of verdrietig misschien, het doel mist met voetbal of even af hebt gezien, kijk dan omhoog, voel de wind in je haar. Dat ben ik, lieve schat, mijn liefde is daar.'

Als het me een keer lukte om niet te huilen, kwamen de tranen onvermijdelijk alsnog terwijl ik 'In My Life' van The Beatles zong als slaapliedje. Meestal brak ik tijdens het wiebelige refrein: '*In my-ah-ah-ay life I love you... moooooore.*'

Het was al jaren geleden dat ik Henry *Wherever You Are, My Love Will Find You* had voorgelezen of 'In My Life' voor hem had gezongen. Sinds hij een jaar of twee was, koos Henry steeds een ander voorleesboek (vooral kneuterige klassiekers die serieus een redacteur nodig hadden) en liedjes van bekende kinderartiesten.

De laatste tijd had ik minder ruimte om stil te staan bij die kleine momenten. En deze maand had ik het extra druk omdat ik Henry's vijfde verjaardag moest organiseren. Daarom had ik van april mijn ouderschapsmaand gemaakt: ik had bedacht dat ik mijn quotum kon halen met de bedankjes voor Henry's cadeaus.

Als thema voor zijn feestje had Henry 'Vaiana op Broadway' bedacht. (Zijn eerste idee, dat het uiteindelijk toch niet werd, was 'Ninja's op Broadway'. Misschien leest er een producer mee die iets met dat pareltje kan?) We waren kort daarvoor naar zijn eerste Broadwayshow geweest, *Frozen*, die hij voor 90 procent ineengedoken in de lobby had doorgebracht en voor 10 procent als een aapje om mij heen, helemaal achter in het theater.

Het feest, compleet met hawaïrokjes, hoeladansjes en bier (voor de volwassenen), was gelukkig wél een succes – dankzij uren plannen en versiering bestellen. Naderhand, terwijl het pakpapier me om de oren vloog, schreef ik netjes op van wie hij elk van zijn twintig cadeaus had gekregen. De aprilbedankjes zouden een dag of twee in beslag nemen, dacht ik zo.

Een goed bedankje overstijgt de transactie

Een week lang sleepte ik mijn handgeschreven lijst met bedankjesontvangers en een stapel vlinderkaarten overal mee naartoe. Ik pakte ze erbij tijdens mijn treinreis, maar mijn boek, *Leerschool* van Tara Westover, was te spannend. Of ik belde Jake om onze weekendplannen door te spreken. Of ik beantwoordde mijn e-mails. Een week werden er twee, en drie, en ineens was het laatste weekend van april aangebroken, zonder dat ik die maand ook maar één kaart geschreven had.

Die zaterdagmiddag – Charlie sliep en Jake en Henry waren naar het park – ging ik aan mijn schrijfbureau zitten om aan het werk te gaan. Maar in plaats daarvan ging ik opruimen en dingen herschikken en o mijn god, waarom kon ik die kaarten niet gewoon schrijven?

Ineens snapte ik het: ik had een hekel aan traditionele bedankjes! Ik zag ertegen op omdat het voelde als een moetje, zoals dat nou eenmaal gaat bij ontvangstbevestigingsbedankjes.

Ik moest af van het standaardformat. Ik zou de ontvanger eerst bedanken voor zijn of haar aanwezigheid op Henry's feestje en voor de Lego, speelgoedauto, terrariumkit, stenenschilderset, enzovoorts, en vervolgens daagde ik mezelf uit om de diepte in te gaan.

Ik dacht aan mijn buurvriendin Sara – een andere Sara dan degene met wie ik eindelijk weer contact had – en aan haar benadering van het moederschap die ik altijd zo had bewonderd. Ze praat op gelijke hoogte met haar kinderen, en met een zachte stem die ze alleen voor hen gebruikt. Aan haar en haar man schreef ik: *Vijf jaar ouderschap; ik word er gewoon sentimenteel van. Jullie zijn vanaf het begin af aan een voorbeeld voor ons geweest.*

Ik schreef ook andere buurvrienden, mensen die er altijd zijn voor lastminuteplannen en advies. Aan Anna en Fred: *We zijn blij dat jullie onze favoriete chillvrienden zijn.* En aan Mari en Jorma: *Wat ontzettend fijn om dit hele oudergebeuren met jullie te delen.*

Aan Nick en Ro, die tijdens ons ouderschapsverlof de catering verzorgden met pannen chili, kommen huisgemaakte hummus en

heel veel brownies en die Henry alle aandacht van de wereld geven: *Ik waardeer jullie zorg en liefde voor Henry enorm, net als jullie steun aan ons. Het vereist inderdaad een heel dorp om een kind op te voeden, en we zijn blij dat jullie in het onze wonen.*

De afgelopen vijf jaar hadden Jake en ik met onze buren en vrienden een ouderschapsdorp gesticht, maar onze familieleden en nanny vormden de basis van dat dorp. Aan mijn schoonouders, Lu en Andy, schreef ik: *We hebben zo'n geluk dat jullie zo dicht bij ons wonen en zo betrokken zijn.* En ik bedankte ook onze nanny, Rhonda: *Voor alle kleine en grote dingen die je voor Henry en Charlie doet. We zijn zo blij met je. Dankzij jou kunnen we ons leven leven, en het is duidelijk dat je je werk doet met een heleboel liefde en zorg.*

Mijn broer en zus zijn Henry's grootste fans, al vanaf zijn geboorte. Aan mijn broer, Alex: *Bedankt dat je er bent, dat je oppast, dat je meespeelt… De kids zijn gek op je en dat betekent zoveel voor me. Ik weet niet of ik het de afgelopen jaren had gered zonder jouw trouwe steun.* En aan mijn zus, Brigitte: *Er is geen tante ter wereld die liever en behulpzamer is dan jij.*

En hoewel ze helemaal in Californië wonen, stoppen mijn ouders hun liefde ook niet onder stoelen of banken. Mijn moeder had Henry een Vaiana-pop en Maui-shirts gestuurd, helemaal in het thema, en mijn vader en zijn partner hadden alle Hawaïaanse decoratie besteld. Mijn zwager en zijn vriendin bedankte ik omdat ze ons hadden meegenomen naar Henry's noodlottige maar gedenkwaardige eerste Broadwayshow.

Ik wist wel dat we geluk hadden met onze fantastische nanny en behulpzame vrienden en familieleden. Maar pas toen ik ze allemaal schreef, een voor een, en de stapel kaarten zag groeien, kreeg ik een beeld van ons dynamische ouderschapsdorp, en dat vervulde me met een diepgeworteld gevoel van dankbaarheid.

Kinderen zijn dankbaarheidssponzen

Nu moest ik Henry's klasgenootjes nog bedanken voor hun cadeaus. Ik begon elke kaart met een plichtsgetrouwe beschrijving van het speelgoed of de puzzel in kwestie en vroeg Henry daarna om een speciaal bericht te dicteren. Vrienden (en vreemden op straat) een complimentje geven is Henry's tweede natuur, dus hij stortte zich vol overgave op deze taak. Hij zei: 'Ik vind het fijn om je te knuffelen.' 'Ik vind je supergrappig, lief en aardig.' 'Je doet altijd zo gek in de pauze, en dat vind ik leuk.'

Sinds hij zijn handelsmerk (de voedselmatches) aan de januaribedankjes had toegevoegd, had Henry me nog veel vaker geholpen. Hij bezorgde bijvoorbeeld een paar februarikaarten bij buren, onder wie onze pendelbuschauffeur.

Zelf had hij ook een kaart ontvangen: ik schreef hem er een nadat hij per ongeluk mijn Raggedy Ann-pop van vroeger kapot had gemaakt en aan zijn oma Lu had gevraagd of ze haar wilde repareren. *Je wist dat Annie heel veel voor me betekende toen ik zo oud was als jij, dus ik vind het superlief dat je bedacht dat ze gerepareerd moest worden. Je hebt een hart van goud, lieverd.* Henry vroeg me of ik de kaart aan hem voor wilde lezen – drie keer achter elkaar.

Tijdens onze ochtendwandeling naar school vroeg Henry vaak: 'Ga je vandaag nog bedankjes schrijven? Ik wil weten wat je gaat schrijven.' Hij werd mijn cheerleader, zei dat het project 'supercool' was en riep regelmatig: 'Goed gedaan, mama!'

In dezelfde periode, net na zijn vijfde verjaardag, maakte hij zich een nieuw zinnetje eigen: 'Ik ben dankbaar voor jou.' Eerst zei hij het tegen mij en Jake en Charlie, en toen tegen iedereen die het wilde horen: zijn juffen en meesters, zijn beste vriendin Aurelia en haar moeder Stephanie – om er maar een paar te noemen. Nu ik dit schrijf, anderhalf jaar later, zegt hij het nog steeds regelmatig.

Gaandeweg werd Henry's dankbaarheid ook specifieker. 'Ik vind deze erwtensoep echt heel lekker! Dank je wel voor het koken, mama!' En op zijn verjaardagslunch bij een sushirestaurant zei hij tegen de chef: 'Deze krab is heerlijk! Bedankt voor het maken.' Daarna draaide hij zich om naar mij en stelde hij voor om de chef een bedankje te schrijven. (Iets waar ík dankbaar voor ben is Henry's avontuurlijke smaak. Charlie zit aan de andere kant van het spectrum: die vindt alles verdacht als het geen *mac and cheese* is.)

Henry was niet alleen váák dankbaar, hij was het vooral vol overtuiging. Tijdens de seideravond stond hij op om een aankondiging te doen: 'Pardon, hallo. Jullie zijn allemaal heel aardig, en dat waardeer ik. Ik ben dankbaar voor jullie allemaal!'

En tijdens de lockdown in 2020 beëindigde hij een huiswerkopname voor zijn juf met de woorden: 'Het is allemaal heel lastig met het virus, maar ik wil toch even zeggen dat u het heel goed doet, juf Bruno. Bedankt voor alles wat u doet.'

Henry was altijd al heel lief en aanhankelijk geweest (hoewel hij ook heel goed zijn ouders kan jennen; daarover later meer), maar zijn focus op dankbaarheid was nieuw, en duidelijk te danken aan dit project. Ik vroeg me af of alle kinderen zo ontvankelijk voor dankbaarheid zijn. Ja, zeggen psychologen Jeffrey Froh en Giacomo Bono, die in 2014 samen het boek *Making Grateful Kids* schreven.

In het boek staan dertig manieren om kinderen dankbaarheid aan te leren. Terwijl ik het las, realiseerde ik me dat ik er dat jaar al een heleboel had geïmplementeerd. Het goede voorbeeld geven, bijvoorbeeld, en kinderen wijzen op de fijne dingen die er om hen heen gebeuren en de mensen die daar verantwoordelijk voor zijn.

'Aanwijzen wie er allemaal verantwoordelijk zijn voor de fijne dingen in ons leven is een van de belangrijkste koppelingen die je kunt maken in de ontwikkeling van een kind,' vertelde Bono me aan de telefoon. Hij was het met me eens dat het voor Henry belangrijk was om te zien dat ik mijn dankbaarheid uitte. 'Hij heeft blijkbaar gemerkt dat dit belangrijk voor jou is, en hij luisterde naar je toen je uitlegde waarom. Mensen vragen me constant: hoe maak ik mijn kinderen dankbaarder? Ik zeg dan altijd: door heel veel met elkaar te praten.'

Voor hun boek deden Bono en zijn coauteur onderzoek op een basisschool in de staat New York. Ze verdeelden 120 kinderen uit groep zes in een interventie- en een controlegroep. De interventiegroep werd onderworpen aan een dankbaarheidscurriculum: een week lang kregen ze elke dag een hypothetische situatie voorgeschoteld en moesten ze doen alsof zij de hoofdpersoon waren in een verhaal met iemand die iets aardigs voor ze deed, bijvoorbeeld een zus of een vriend. De lessen gingen onder andere in op de intentie van de weldoener en op de vraag wat hij of zij had moeten doen en laten.

De leerlingen met het dankbaarheidscurriculum hadden meer dankgedachten en hun meesters en juffen gaven aan dat ze over het algemeen gelukkiger leken dan de leerlingen in de controlegroep. Die resultaten bleven overeind in een onderzoek dat langer duurde: vijf weken. Ik vroeg me alleen af of vijf weken wel lang genoeg was. Bij Henry zag ik pas iets veranderen nadat hij maanden was blootgesteld aan dankbaarheid.

De auteurs organiseerden ook een presentatie over dankbaarheid waar de hele school bij aanwezig was. Ze sloten de presentatie af met een nauwelijks verholen morele keus: 'Deze presentatie werd gegeven door de Ouderraad. We hebben nu een paar minuten vrije tijd. Je kunt die tijd gebruiken om een bedankje te schrijven aan de Ouderraad op het papier dat je hebt gekregen, of je kunt gewoon even niksen.'

Ha, schreef ik in mijn notitieboek, want ik vond de formulering een tikje te sturend. *Doe het juiste, kids!* Leerlingen die mee hadden gedaan aan het dankbaarheidscurriculum schreven 80 procent meer bedankjes aan de Ouderraad dan leerlingen in de controlegroep, wat Bono en zijn coauteur 'externe validatie van de resultaten' noemden en zagen als bewijs dat 'op dankbaarheid gerichte interventie werkelijk leidt tot gedragsveranderingen'. Ik was daar niet van overtuigd: zouden de bedankjes niet veel waardevoller zijn geweest als ze rechtstreeks aan een juf, meester, ouder of vriend waren geschreven? Hoe schrijf je een oprechte kaart aan een Ouderraad zonder gezicht?

Maar Bono had ook recenter bewijs. Hij vertelde me enthousiast over een app voor in de klas, GiveThx, die hij had ontwikkeld met een middelbareschooldocent uit Oakland, Californië. De app, die inmiddels al op meer dan tachtig scholen in heel het land gebruikt wordt, geeft leerlingen de mogelijkheid om hun medeleerlingen een bedankje te sturen op een manier die simpel en privé is (lees: niet gênant), maar wel impact heeft. De berichtjes hebben tags (vriendschap, gulheid, moed, luisteren), waardoor ze grafisch kunnen worden weergegeven en leerlingen er patronen in kunnen ontdekken – bijvoorbeeld dat ze vooral voor hun vriendelijkheid en medeleven worden bedankt, en anderen meestal bedanken voor hun aanmoediging en hulp.

Bono zei dat de resultaten ongelooflijk waren: in klassen waar de app wordt gebruikt, zijn het humeur en de mentale gezondheid van de leerlingen beter. Daarnaast hebben ze minder last van angst, depressieve gevoelens en stress.

'De best practices uit ons dankbaarheidscurriculum waren niet genoeg,' zei Bono. 'De kans om zelfstandig "dank je wel" te leren zeggen – dat is de sleutel. Met een combinatie van het curriculum en de app lijken we de impact te kunnen maken waar we op hadden gehoopt.'

Eigenlijk zei Bono wat ik zelf ook al ontdekt had: de voordelen stapelen zich op zodra je je dankbaarheid gaat delen met de mensen die er verantwoordelijk voor zijn.

Dankbaarheid kan *mom guilt* verzachten

Terwijl ik mijn bedankjes voor deze maand aan het afronden was, besloot ik er nog twee te schrijven: een naar Henry en een naar Charlie. Dat zou ik doen nadat ik een dag met ze had doorgebracht.

De dag was afschuwelijk. Ik herinner me niet meer precies waarom, maar ik stel me zo voor dat ik Henry vroeg om ergens mee te stoppen – laten we zeggen: een stuiterbal naar de boekenkast gooien waar allemaal breekbare fotolijstjes in staan – en dat hij er gewoon mee doorging terwijl hij me onafgebroken aanstaarde. Hoewel ik hem waarschijnlijk al zes of zeven keer had gevraagd om het hekje boven aan de trap dicht te doen, liet hij het ongetwijfeld openstaan, met het risico dat zijn broertje van bijna twee naar beneden viel. De kans is groot dat hij daarnaast de Legoblokjes weigerde op te ruimen die hij als confetti door het huis had gestrooid. En aan het eind van de dag had ik vermoedelijk het gevoel dat de kinderen steeds kleine beetjes Gina van me afnamen – tot er niks meer van me over was. Ik heb Jake vast gebeld om te zeggen: 'Het moederschap is alsof je doodgaat aan duizend steekwonden.'

Het enige concrete detail dat ik me herinner is dat ik in de waskamer heb zitten huilen terwijl Joni Mitchell zong: '*I wish I had a river I could skate away on.*'

Het was, kortom, niet de beste avond om bedankjes aan mijn kinderen te schrijven. Maar toen ze eenmaal in bed lagen, hield ik vast aan mijn plan en ging ik aan de slag. (Een goed voorbeeld van hoe mijn doelgerichte kant soms de overhand krijgt.) Toen ik klaar was, las ik de kaarten en constateerde ik dat ze passief-agressief klonken, zoals van die boze e-mails die je aan je baas schrijft maar nooit verstuurt. En dat gold vooral voor die naar Henry.

Ondanks zijn lieve karakter en dankbaarheidstoespraken had Henry me sinds Charlies geboorte flink op de kast gekregen. Hij was vanaf het begin helemaal gek op Charlie en richtte zijn en-ik-dan?-gevoelens gelukkig nooit op zijn broertje, maar hij bewaarde ze in plaats daarvan allemaal voor mij. Maandenlang moest en zou hij tijdens elke maaltijd op mijn schoot zitten, waarbij hij dan het merendeel van zijn eten morste en ik dus niet alleen onder de moedermelk, maar ook onder de jam en kleffe cornflakes zat. En toen hij 's ochtends een keer boven kwam en zag dat ik Charlie in bed de borst gaf, werd hij woedend.

'Krijgt Charlie ontbijt op bed?' vroeg hij. 'Ik wil ook ontbijt op bed! Lach me niet uit!'

Het was een grappig verhaal en Jake en ik vertelden het graag, maar nu ik erover nadacht, begreep ik hoe wanhopig graag Henry mijn aandacht wilde – en het was alsof ik hem er nooit genoeg van kon geven. We begonnen de term 'negatieve aandacht' steeds vaker te gebruiken. Als in: Henry, vraag nou alsjeblieft niet om negatieve aandacht.

Ik keek naar mijn mislukte bedankje en voelde me verslagen. Was ik de vrouw in de paarse trui geworden? Gelukkig had Henry me nog niet fysiek aangevallen. Nóg niet.

Ik voelde me schuldig en was boos op mezelf. Omdat ik de dag niet had kunnen redden, omdat het me niet lukte om Henry te laten wennen aan onze nieuwe gezinssamenstelling, omdat ik niet geduldiger en onbezorgder was, en omdat ik blijkbaar niet genoeg dankbaarheid kon verzamelen om een degelijk bedankje aan mijn lieve zoon te schrijven.

Lieve Henry. Ik ging met mijn vinger over de eerste woorden en herinnerde me ineens iets. Toen ik een jaar of dertig was, had ik een handvol brieven aan mijn toekomstige kind geschreven. Ik was ermee begonnen toen ik nog vol ongeduld wachtte op het moederschap en was pas gestopt na de eerste paar maanden van Henry's leven.

Lieve jij. Zo was ik elke brief begonnen. Ik had mijn toekomstige kind verteld over de laatste anticonceptiepil die ik had genomen, in de lente van 2011, toen de kersenboom voor het raam van ons thuiskantoor – *binnenkort jouw slaapkamer* – in bloei stond. In april 2012 schreef ik over de Chinese kruiden die ik naar binnen werkte omdat het me niet lukte om zwanger te worden: *Ik had gedacht dat je nu al wel in mijn armen zou liggen, maar dat geeft niet. We wachten specifiek op jou.* In september 2012 schreef ik over de dag waarop ik ontdekte dat ik eindelijk zwanger was en dat ik zo gelukkig was dat ik dacht dat ik droomde. Die brief eindigde ik met de woorden: *Je bent amper groter dan een maanzaadje, en we zijn nu al gek op je.* Verderop in de zwangerschap schreef ik hem dat hij een jongen was, dat ik zwangerschapsdiabetes had en dat hij The Beatles leuk leek te vinden, en dan vooral 'In My Life'.

Toen Henry nog naamloos was – een 'lieve jij', een concept, een maanzaadje –, was het moederschap een fantasie geweest. En toen hij geboren was, werd die fantasie een tijdje werkelijkheid.

30 mei 2013

Lieve jij,

Ik heb niet veel tijd om te schrijven, want je begint wakker te worden uit je dutje, maar wauw, wat een maanden hebben we achter de rug. Laat me je eerst vertellen dat ik nog meer van je hou dan ik had verwacht, en ik vind het té leuk om thuis de hele dag met jou rond te hangen – hoewel je de longen uit je lijf schreeuwt als we je luier verschonen en je ongeveer een uur per dag huilt. Maar waarom begin ik met de stomme dingen? Het is 19.20 uur en het zonlicht dat door ons slaapkamerraam stroomt, omringt je met een prachtig zacht licht. Je ligt naast me op bed te wiebelen, je beentjes schattig in kikkerstand. Je vader en ik blijven maar naar je staren. Als een van ons je vasthoudt, zeggen we steevast tegen de ander: 'Kijk nou naar dit snoepie', of: 'Moet je dit kleine aapje zien', of een variatie daarop. We zijn zo verliefd op je.
*Laat ik even teruggaan naar donderdag 19 april om 20.30 uur. Ik was thuis en zat op de bank een film te kijken (*Heartburn*) toen je vader me belde. Zijn collega's hadden hem net verrast met een daddyshower in een Ierse pub, en hij belde vanuit de metro om te vragen of ik misschien pizza of knoflookbrood wilde. Ik vertelde hem wat ik had gegeten (zalm uit blik met tzatziki en gesauteerde boerenkool op een Engelse muffin), en toen zei ik: 'O mijn god, mijn vliezen breken.' Het voelde en klonk alsof er in mijn lichaam een ballon knapte, wat natuurlijk ook zo was. Ik rende naar de badkamer en stond ineens in een plas water. Je vader bleef maar vragen: 'Weet je het zeker?' Ja, ik wist het zeker. Het was zover. Jij was onderweg naar ons, precies vier weken te vroeg. Hij haastte zich naar huis en hielp me mijn spullen te pakken voor in het ziekenhuis. Gelukkig herinnerde hij zich dat je autostoeltje in de kelder stond.*

Rond 22.15 uur waren we in het Roosevelt Hospital, en tegen de tijd dat ze me onderzochten had ik al vijf centimeter ontsluiting. Je was al een heel eind op weg, en ik deed ook goed mijn best. We bleven een tijdje steken tussen de negen en tien centimeter, en dat was pittig. Ik wilde persen, maar dat mocht ik niet, en dat vond ik ongelooflijk frustrerend. De weeën waren niet zo vreselijk als ik had verwacht. Het hielp dat je vader er was, en de verloskundige, Melissa, en een geweldige verpleegkundige. Samen vormden ze een topteam, maar uiteindelijk ging het puur om jou en mij. Tijdens onze zwangerschapscursus had de lerares voorgesteld om een mantra te verzinnen, en een paar dagen eerder had ik er eentje bedacht: 'Als hij het kan, kan ik het ook.' Daar bleef ik tijdens de weeën aan denken – aan hoe gek het voor jou moest zijn om eerst het water kwijt te raken dat al die tijd je thuis was geweest, alles wat je kende, en om daarna de buitenwereld in te worden geduwd, ongeacht of je daar klaar voor was. Om 03.00 uur begon ik met persen, en dat duurde lang: vier uur in totaal, wat twee uur langer is dan normaal. Op een gegeven moment had de verloskundige het over een keizersnee, en ik dacht alleen maar: ik weet zeker dat ik nog harder kan persen. De verloskundige die om 06.00 uur kwam, Susannah, pakte er een spiegel bij, en zodra ik je hoofdje zag (toen al bedekt met donker, zacht haar), had ik alle motivatie die ik nodig had. Ongeveer een halfuur later, om 07.01 uur op vrijdag 19 april, gleed je eruit.

De verloskundige legde je gelijk op mijn borst, en ik was verliefd. We waren allebei verliefd. Je vader barstte uit in een stevige huilbui, wat, zoals je inmiddels waarschijnlijk wel weet, niet vaak gebeurt. (Al barstte hij die week nog veel vaker in huilen uit.) Ik hielp hem eraan herinneren om je naam in je oor te fluisteren, net zoals je opa 'Jacob' in je vaders oor had gefluisterd. Hij snikte er flink doorheen, maar uiteindelijk kreeg hij 'Henry Felix Bergman' over zijn lippen. Wat een prachtige naam – en op ons na was jij de allereerste die hem hoorde. Ik hoop dat je hem net zo mooi vindt als wij. Daarna zongen we 'Happy Birthday' voor je. Ik hoop dat we dat nog heel vaak zullen doen.

Ik herinnerde me dat moment zo goed. De euforie van die dag, en de maanden daarna, toen mijn bron van geduld nog diep was en elke dag als een cadeautje voelde. Toen ik nog elke avond voor Henry zong: '*I love you more.*' Ik zou willen dat ik de dankbaarheid die ik toen voelde, en daarvoor, toen ik zwanger was en fantaseerde over het moederschap – dat ik die dankbaarheid had kunnen vasthouden.

Nu het moederschap geen fantasie meer was en de nieuwigheid eraf was, bleek de realiteit ingewikkelder. De dagen zijn lang, maar de jaren zijn kort; misschien heb je die uitspraak weleens gehoord. Als je een kind hebt, heb je het wellicht zelf weleens gezegd, omdat het zo waar is. Maar hoe komt dat? Misschien doordat de dagen zo vermoeiend zijn en de naarste momenten ons ook na hun bedtijd blijven achtervolgen, tot in de waskamer, met sterkedrank en een tranentrekker van Joni Mitchell erbij.

Maar dan, een uur of twee later, nemen we een kijkje in hun slaapkamer en halen we troost uit de stijgende en dalende beweging van hun borst. We scrollen door video's waarin ze groenteraadsels bedenken. We zijn moe, afgemat, maar nog steeds betoverd door de wezens die we hebben gemaakt.

En die gekmakende momenten? Die schrijven we niet op. Facebook herinnert je niet aan foto's van die keer dat je boos werd op je kind omdat hij een stuiterbal naar fotolijstjes gooide. Onze hersenen zijn aardiger dan wijzelf en wissen die herinneringen mettertijd. Die zware dag? Het is nu een jaar later, maar ik kan me niet herinneren wat er zo erg aan was. En dat mislukte bedankje aan Henry? Ik heb ernaar gezocht, zodat ik het hier kon citeren, maar ik ben het kwijt. Misschien maar beter ook. Dat geheugenverlies draagt bij aan het gevoel dat de jaren zo kort zijn.

Wat we door de jaren heen wel onthouden, zijn de schattige koppies van onze kinderen. De manier waarop Charlie zijn neus optrok als hij iets niet snapte, en hoe Henry zijn schouders schudde als hij iets lekkers at. We onthouden hun lieve en grappige uitspraken omdat het familiegrapjes worden, of omdat we ze vastleggen in video's of babyboeken.

De volgende dag, mijn tweede poging om een bedankje te schrijven aan mijn kinderen, opende ik een notitie op mijn telefoon – 'Uitspraken van Charlie en Henry' – om de grappige gesprekken te herleven die ik de afgelopen weken had opgetekend.

- 'Aaah, jullie zijn zo schattig en ik hou zoveel van jullie dat het me bijna boos maakt!!!' zei ik, en Henry antwoordde: 'Niet boos zijn, mama. Wees gewoon dankbaar dat we er zijn.'
- Henry probeerde nieuwe woorden uit die hij had geleerd. 'Ben je tevreden, mama? Dat betekent: heb je wat je nodig hebt?'

Dat had ik. Het moederschap was niet langer een theoretische kwestie, maar hetzelfde gold voor de liefde voor mijn kinderen. Iedere ouder weet dat het allemaal tijdelijk is, elke fase – de moeilijke en de schattige. Terwijl ik dit schrijf, worden we helemaal gek van onze driejarige Charlie: hij duikt van de ene woedeaanval in de andere, huilt als ik de kamer uit ga om te douchen en bijt zijn broer tot bloedens toe. Het is prima om niet dankbaar te zijn voor elke minuut, of elke dag, of elke week.

Mijn liefde voor Henry en Charlie is blijvend. Zoals Nancy Tillman het zegt in het boek dat ik nu al duizenden keren heb voorgelezen:

'Mijn liefde gaat zo diep, zo ver en zo hoog, en het is er altijd, zelfs als je droomt.'

Dank je wel dat je ons gezin compleet hebt gemaakt, schreef ik aan Charlie. *Je bent nu een jaar en negen maanden en je bent een heerlijk en lief klein mensje dat gek is op zijn broer & familie en alles heel slim & snel oppakt (tot tien tellen, blokken bouwen). We houden allemaal heel veel van je.*

Dank je wel, schreef ik aan Henry, *dat je me vijf jaar geleden moeder hebt gemaakt. Je hebt mijn leven veranderd. Ik ben zo trots op hoe nieuwsgierig, creatief, aardig & meelevend je bent, en ik vind het een eer dat ik getuige mag zijn van jouw transformatie – van een klein kuikentje tot een complex & heerlijk jongetje. Ik hou van je.*

Die avond zette Henry de televisie uit om Charlie samen met mij in bed te leggen. Ik zat tussen de twee jongens en drukte ze tegen mijn lijf. Henry hielp me 'In My Life' te zingen, en hoewel onze stemmen niet helemaal harmonieus klonken in het donker, kende hij de woorden nog altijd. Toen zongen we het Dido-liedje dat ik voor Charlie zong sinds híj thuiskwam en zijn ronde gezichtje met kuiltjes bij ons gezin hoorde: '*I want to thank you for giving me the best day of my life. And oh, just to be with you, is having the best day of my life.*'

ZO LEER JE KINDEREN OM DANKBAAR TE ZIJN

1. ***Wijs ze op de fijne dingen om hen heen.*** Bijvoorbeeld iets heel lekkers dat jullie eten, een trip die jullie maken, of het huis waarin jullie wonen.
2. ***Leg uit wie er verantwoordelijk is voor die dingen.*** Vaak zijn er veel mensen bij betrokken – van grootouders die spaarden voor de trip tot de mensen die het vliegtuig besturen.
3. ***Spoor je kind aan om die mensen te bedanken*** – met een kaart of mondeling. Help kinderen om concrete taal te gebruiken en te specificeren op welke manieren de ontvanger heeft geholpen en tegen welke prijs. Met emoties maak je impact: hoe voelde je je na deze gunst (of maaltijd of trip)?
4. ***Geef het goede voorbeeld.*** Als dankbaarheid een vast onderdeel van je dag wordt, en van je leven, laat je je kinderen zien hoe je dankbaar kunt denken en handelen. Onthoud dat je kinderen een soort niet-criminele ministalkers zijn: ze houden je altijd in de gaten.

HOOFDSTUK VIJF

MEI: GEZONDHEID

Hoe kaarten aan zorgverleners je kunnen helpen om het leven te waarderen

LES: zorgverleners bedanken is therapeutisch – voor jou en voor hen.

VOORDEEL: dankbaarheid is goed voor je mentale en fysieke gezondheid.

VERRASSING: dankbaarheid als gewoonte leidt tot de diepste vorm van dankbaarheid.

Ik had een extra reden om dankbaar te zijn dat ik 'In My Life' voor baby Henry kon zingen in onze schommelstoel: ik had niet zeker geweten of ik het zou halen. Weet je die brief nog die ik aan Henry schreef na zijn geboorte? Waarin Jake en ik aan het einde 'Happy Birthday' zongen in het ziekenhuis? Nou, dat was niet het einde. Zo ging de brief verder:

> *Ik wil het niet te veel hebben over de volgende zes dagen, maar op zaterdagavond had ik 39,5 graden koorts, en dat bleek te komen door een streptokokkeninfectie – geen kattenpis. Maandagnacht sliep ik op de ic, waardoor ik je bijna drie dagen geen borstvoeding kon geven en je bijna twee dagen niet kon zien. Dat was vreselijk. Je vader was radeloos: hij moest voor mij zorgen, maar we wilden allebei niets liever dan bij jou*

zijn. Je oma was die week geweldig; ze zei al haar afspraken met patiënten af om bij ons te zijn en ons te helpen. Ze bracht ons lunch en snacks en allerlei toiletartikelen waar ik om had gevraagd. Ik wil er niet al te lang bij stilstaan, maar er was een moment waarop ik me realiseerde dat dit weleens goed mis kon gaan. En ik wil dat je weet wat ik op dat moment dacht. Allereerst: dat je vader me dertien jaar lang heel gelukkig had gemaakt. Ik dacht aan onze bruiloft en aan een paar van onze grote reizen, naar Parijs en Bali, maar ook aan elke avond thuis met hem – aan hoe leuk we het hebben, gewoon, op de bank, waar hij muziek voor me maakt of waar we samen tv-kijken, grapjes maken en knuffelen. Jij was het tweede waaraan ik dacht. Ik had jou gemaakt, jouw perfecte jij, en daar was ik zo trots op. Toen we op vrijdag naar huis mochten, waren we ontzettend opgelucht. Ik droomde de hele week al van het moment dat ik je naar je slaapkamer bracht en je in slaap zou wiegen in onze stoel. En nu kon ik dat eindelijk doen.

Toen ik doorhad, écht doorhad, dat er een kans was dat ik dood kon gaan, en toen ik dacht aan de banale details daarvan – misschien zijn die grijze wolken buiten wel het laatste wat ik zie, deze kriebelige lakens het laatste wat ik voel –, pas toen begreep ik hoe onvermijdelijk het is. Daardoor barstte er vanbinnen iets open, en ik denk dat het zaadje voor dit project uit die ervaring is geboren. Ik wilde mijn leven, en iedereen die erbij hoort, heel stevig en liefdevol vastpakken.

De maand mei gaf me de kans om terug te kijken op momenten waarop een getalenteerde arts of verpleegkundige of doula of fysiotherapeut een verschil had gemaakt voor mijn familie – en om ze te bedanken. Boven aan mijn lijst met zorgverleners schreef ik als insteek: *Deed alles in zijn/haar macht.*

Zorgverleners bedanken is therapeutisch – voor jou en voor hen

Mijn eerste bevalling was op zijn zachtst gezegd traumatisch. De verpleegsters, daarentegen, waren ontzettend lief. Een week of twee na mijn ontslag uit het ziekenhuis stuurde ik ze een bedankje en een mand vol lekkers.

Toen ik opnieuw zwanger werd, maakte ik een frisse start bij een nieuwe praktijk in de Upper East Side waar ik me van het begin af aan prettig voelde. In de wachtkamer werd ik begroet door een ingelijste illustratie van het gezicht van mijn eerste leidinggevende. In haar column in *O, The Oprah Magazine* had Lisa Kogan geschreven hoe dit team haar baby ter wereld had gebracht. Ik liep ernaartoe en las: 'Ik wil hierbij graag mijn oneindige liefde verklaren aan deze wonderzorgverleners.' Dat voelde als een goed voorteken. De weken erna hadden Jake en ik afspraken met twee van de artsen in de praktijk, Michael Silverstein en Nathan Fox, die onze vragen allebei met empathie en geduld beantwoordden.

Het was maar goed dat ik me op mijn gemak voelde in de praktijk, want het duurde niet lang voordat ik langs de receptie de toiletten in rende, dubbelgeklapt van de pijn. Dokter Silverstein hielp me door de uren daarna en zorgde ervoor dat ik me geen patiënt voelde, maar een mens dat iets traumatisch meemaakte. Ik schreef hem: *Ik ben zo dankbaar voor uw expertise en medeleven op een van de moeilijkste dagen van mijn leven. Mijn miskraam van twee jaar geleden was intens pijnlijk en bloederig en afschuwelijk, maar u ging er heel mooi mee om en zorgde ervoor dat ik me veilig en relatief rustig voelde. (Dat is nogal wat.) U bent een fantastische arts en een fantastisch mens.*

Daarna richtte ik me tot dokter Fox, die tien maanden later Charlie ter wereld bracht. Na al mijn gezondheidsproblemen van de afgelopen vier jaar – van onvruchtbaarheid en zwangerschapsdiabetes tot een mogelijk fatale infectie en een miskraam – had ik niet verwacht dat Charlies geboorte zo fijn kon zijn. Zeker, het deed pijn, maar dan wel het soort pijn dat verzacht kan worden door een wonderbaarlijke procedure die ruggenprik heet en waar ik de eerste keer van af had gezien. Aan dokter Fox schreef ik: *Ik had het gevoel dat ik in ontzettend bekwame, meevoelende handen was. De bevalling (mijn tweede) ging gepaard met ongelooflijk veel pijn, maar ik herinner me vooral de liefde van mijn man en uw positieve, vrolijke energie. U hebt zoveel talent voor wat u doet.*

Hij sprak een bericht in op mijn voicemail om te zeggen hoe fijn het voor hem was om mijn bedankje te lezen en dat hij hoopte dat hij er voor nog veel meer mooie gebeurtenissen in onze toekomst kon zijn. Zijn toon was warm en onbezorgd. Ik dacht aan de weg die hij had afgelegd om arts te worden – van avond aan avond studeren tot slopende coschappen en veel te vroege noodoproepen. Geld is niet de reden dat iemand zich zó aan iets toewijdt; er zijn makkelijkere manieren om de kost te verdienen. Hij en zijn collega's en zoveel anderen offeren hun tijd op om ons kalm en vol zelfvertrouwen door de mooiste en ergste momenten van ons leven te leiden. Ons kwetsbare lichaam ligt letterlijk in hun handen, zoals ik in mijn bedankje schreef, en als die handen bekwaam en zachtaardig zijn, dan maakt dat een enorm verschil.

Toen Henry veertien maanden was, werden zijn amandelen operatief verwijderd en kreeg hij buisjes in zijn oren. Dokter Jay Dolitsky voerde die operatie uitstekend uit en toonde zich ook later een fantastische kno-arts. Aan hem schreef ik: *Ik heb de laatste tijd veel nagedacht over hoe het voor Henry moet zijn geweest – van constant verstopt zitten en niet goed kunnen horen tot de bloeiende, gezonde jongen die hij nu is. Al bij onze eerste ontmoeting voelden we dat we bij*

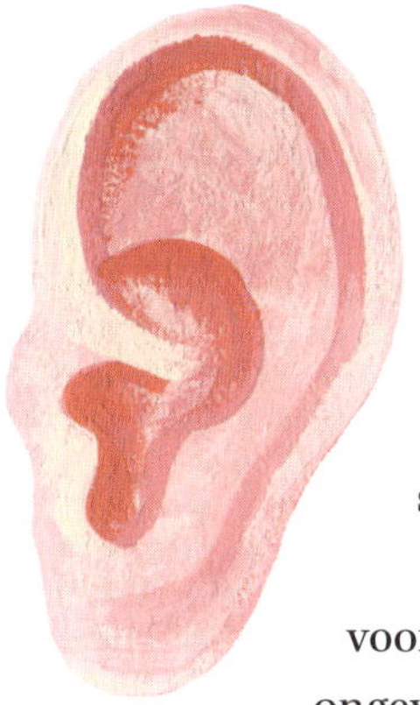

u in goede handen waren, en dat dat gevoel klopte, hebt u inmiddels ruimschoots bewezen. Bedankt dat u Henry op zijn gemak hebt gesteld.

In de voicemail die dokter Dolitsky insprak, zei hij dat het hem een genoegen was om betrokken te zijn bij Henry's zorg, en om hem ondertussen te zien opgroeien.

Deze oprechte bedankkaarten – die echt iets voor de artsen leken te betekenen – kostten me elk ongeveer vier gefocuste schrijfminuten. En er is geen verjaringstermijn. Integendeel, een verlaat bedankje betekent eerder méér, omdat je ermee aangeeft dat je nooit bent vergeten welke rol iemand speelde op een cruciaal moment in je leven. Naarmate de jaren voorbijgaan worden je herinneringen meer waard, simpelweg omdat ze de tijd hebben overleefd.

Ik weet zeker dat ik de twee cardiologen van mijn vader nooit zal vergeten. Tien jaar geleden redden zij zijn leven. Aan hen schreef ik: *Ik ben zo dankbaar voor jullie zorg. De week begon ontzettend eng, maar zodra we in het Cedars Sinai Medical Center waren en jullie ontmoetten, slaakten we een collectieve zucht van opluchting. Dank jullie wel dat jullie die week zo goed voor mijn vader zorgden – en alle jaren daarna.*

Ik bedankte mijn vaders partner voor haar tegenwoordigheid van geest op die dag op Catalina Island. *Jouw snelle schakelen & volharding hebben papa's leven gered.* En aan mijn vader schreef ik simpelweg: *Je Cedars Sinai-jubileum zit eraan te komen, en ik merk dat ik veel nadenk over die week. Het was een van de engste weken in mijn leven (misschien wel de engste?) en ik ben ontzettend dankbaar dat je er nog bent. Ik hou van je.*

Hij sprak een voicemail voor me in: 'Je kaart zat vandaag in de brievenbus, Gina, of eigenlijk gisteren al. Heel erg bedankt, lieverd. Ik ben blij dat ik nog bij mijn kinderen ben. Echt waar. Blijer dan je waarschijnlijk weet.'

Het bedankje aan mijn vader bestond uit niet meer dan drie zinnen – waarvan er eentje maar vier woorden telde – die op een limoengroen indexkaartje van tien bij vijftien waren gekrast. Dat bleek voor ons allebei een simpele, goedkope vorm van therapie.

Uiteindelijk bedankte ik dertien zorgmedewerkers. De resterende achttien bedankjes gingen naar een mix van buren (een behulpzame visboer, een stomerijmedewerker die mijn naam altijd onthoudt), vrienden (onder andere Sharmaine, die op bezoek was vanuit Londen en me trakteerde op een chic etentje) en ouderschapshulp (Henry's twee fantastische kinderopvangmedewerkers). Ik wist dat er in de toekomst nog wel andere dingen zouden gebeuren waarvoor ik zorgverleners zou willen bedanken. Maar ik had niet kunnen bevroeden dat dat twee jaar later, tijdens een wereldwijde pandemie, een avondritueel zou worden voor de hele stad.

Dankbaarheid is goed voor je mentale en fysieke gezondheid

Terwijl ik mijn dankbaarheid onder woorden bracht voor de mensen die mijn vader, mijn zoon en mezelf hadden genezen, voelde ik dat in mijn hoofd de inmiddels vertrouwde verandering plaatsvond: van moe en geïrriteerd naar haast meditatief kalm en gefocust – en dat gevoel bleef de hele dag. Was daar een psychologische onderbouwing voor? Was bedankjes schrijven net zo goed voor mijn mentale gezondheid als mediteren?

Ik vroeg het aan Cory Allen, een meditatie-expert en de schrijver van het boek *Now Is the Way: An Unconventional Approach to Modern Mindfulness.*

‘Wat je ervaart, is denk ik een vorm van in het nu zijn,’ zei Allen. ‘Je neemt afstand van de afleiding en mentale versplintering die zo inherent zijn aan onze moderne wereld. Als de tv aanstaat terwijl je door je telefoon aan het swipen bent en ondertussen probeert te eten, doet dat iets met je geest: die verliest focus, waardoor je niet kunt wortelen in het nu. Omdat er aan alle kanten aan je getrokken wordt, begint je bewustzijn als het ware te vervagen. Een van de grootste voordelen van mediteren is dat je interne ruimte creëert. En daardoor word je je bewuster van de gedachten en gevoelens in je geest en lichaam.

Toen je die bedankjes schreef, boorde je een positieve emotie aan en vernauwde je je focus. En je deed één specifiek ding steeds opnieuw, als een mantra. Een mantra is bij meditatie een zin die je steeds herhaalt, of een geluid, en het fungeert als een ruitenwisser voor je hersenen: het voorkomt dat je verstrikt raakt in gedachten en verhalen. Een soort zelfhypnose dus. Steeds achter elkaar een kaart schrijven is daar een fysieke variant van – een fysiek mantra. In het boeddhisme komt dat vaak voor. Denk maar aan monniken die samen enorme mandala’s maken van gekleurde rietjes.’

‘En rozenkransen,’ zei ik, terwijl ik dacht aan mijn oudtante Rosie (toepasselijke naam), die altijd een rozenkrans bij zich had. Allen knikte. Door het mezelf makkelijker te maken en mijn bedankjes te templaten had ik onbedoeld een mantra gecreëerd. Deze maand was ik de kaarten naar mijn vaders zorgverleners elk begonnen met de zin: *Het is bijna tien jaar geleden sinds...* Volgens Allen ruimde die ruitenwisserzin mijn hoofd op en konden de herinneringen en waardevolle woorden daardoor vrijer flowen.

Ik vroeg Allen hoeveel van mijn opgeruimde hoofd door het schrijven kwam en hoeveel door de dankbaarheid. Zou het effect bijvoorbeeld ook optreden als ik alleen maar dankbare dingen dácht, of als ik een brief schreef die niks met dankbaarheid te maken had? ‘Ik zou

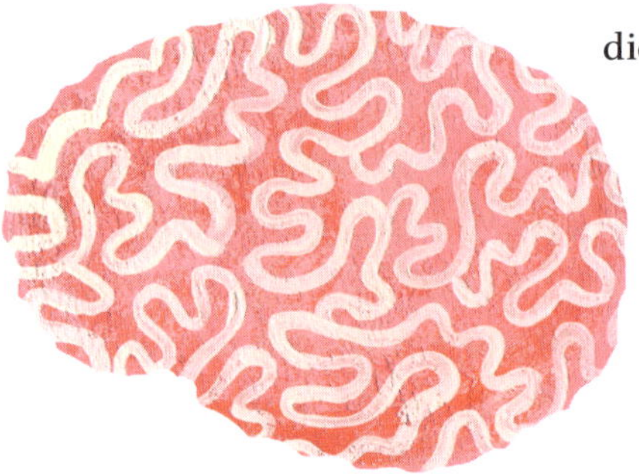

die twee dingen niet van elkaar scheiden,' zei hij. 'De som is hier groter dan de delen. Het schrijven is nuttig en kan meditatief zijn. De dankbaarheid kan de emotionele belichaming zijn van dat gevoel, wat ook nuttig is. Maar pas door ze samen te voegen, verbind je de emotie met het intellectuele gevoel, en daardoor krijg je het derde element.'

Hij vroeg: 'Heb je weleens gehoord van de *heart mind* en *monkey mind*?' Dat had ik niet, maar hij had mijn aandacht. 'De monkey mind is een boeddhistisch begrip om aan te duiden dat je gedachten constant afdwalen – wild, ongecontroleerd en chaotisch. Ze schieten van links naar rechts, als een klein aapje in een boom.'

Ik knikte verwoed en vroeg me af of hij mijn monkey mind soms had gedetecteerd via mijn stem.

'De heart mind is intuïtief en meelevend. Daarbij denk je vanuit openheid, warmte en verbinding met alles wat leeft. Een van de doelen van meditatie is om je heart mind en je monkey mind in harmonie samen te laten werken. Door je bedankjes te schrijven ontdekte jij daar toevallig een manier voor: je brengt je emoties en verstand in balans, en door de herhalende aard van de handeling kom je in die tranceachtige, verstilde staat van zijn. Als ik dat allemaal bij elkaar optel, vind ik het totaal niet verrassend dat jij meer in het nu bent, minder gestrest, en dat je nauwer verbonden bent met je dankbaarheid en de belichaming daarvan.'

Hij sloeg de spijker op zijn kop en gaf woorden aan wat ik al sinds die eerste treinritten voelde.

Dankbaarheid is goed voor je gezondheid. Uit onderzoeken van Robert A. Emmons en Michael McCullough, twee van 's werelds meest toonaangevende experts op het gebied van psychologie en dankbaarheid, blijkt dat mensen die een dankbaarheidsdagboek bijhouden vaker sporten, minder last hebben van ziekteverschijnselen en sneller herstellen als ze wel ziek worden. Emmons en McCullough ontdekten ook dat je langer slaapt als je regelmatig dankbaar bent.

Door mijn kaarten te schrijven en een actieve dankgewoonte op te bouwen (waarvan ik me trouwens langzaam begon te realiseren dat ik die ook na dit jaar waarschijnlijk wel vol zou houden), verbond ik mijn heart en monkey mind op een meditatieve manier met elkaar, en dat kwam mijn gezondheid ten goede.

Dankbaarheid als gewoonte leidt tot de diepste vorm van dankbaarheid

Dit klinkt misschien morbide, maar ik heb tijdens dit project veel over de dood nagedacht. Een openhartig bedankje is voor mij een reminder aan onze sterfelijkheid – die van mij én die van de ontvanger.

Net voordat ik een kaart door de brievenbus gooide, stelde ik me weleens voor dat iemand die kaart ver na mijn dood zou vinden, gebutst en gehavend in een doos of tussen de pagina's van een boek. Wat zou die iemand over mij te weten komen? Over de ontvanger? Welke eigenschappen zouden eruit blijken? Welk sentiment zou overeind blijven? Stond er iets interessants in, iets origineels, of alleen iets eerlijks en aardigs?

We bewaren verjaardags- en vakantiekaarten van overleden familieleden als aandenken omdat ze ons iets vertellen over wie ze waren. Op een kaart van mijn oma van mijn vaders kant, Beverly, geschreven met de typemachine, staat bijvoorbeeld een recept voor pierogi dat ze voor mijn opa had leren maken. Hij was gek op

Oost-Europese gerechten met een Ohio-twist, en zij was gek op hem; het maakte haar oprecht blij om lekker eten voor hem te maken. Dat ze daarnaast ook heel sociaal was, bewijst deze zin wel: 'Mijn verjaardag was een succes. 35 gasten, onder wie een rechter, twee artsen en heel veel vrienden en familie.'

Toen neuroloog en schrijver Oliver Sacks wist dat hij dood zou gaan, vertrouwde hij zijn laatste gedachten toe aan het papier. De essays werden gebundeld in een boek met de titel *Dankbaarheid*. 'Ik zal niet beweren dat ik niet bang ben,' schreef hij. 'Maar het gevoel dat overheerst, is dankbaarheid. (...) Ik heb in contact gestaan met de wereld en de bijzondere uitwisselingen ervaren tussen een schrijver en zijn lezers. Maar in de eerste plaats ben ik op deze prachtige planeet een bewust denkend wezen geweest, een denkend dier, en dat alleen al was een enorm voorrecht en avontuur.'

Inmiddels is hij overleden, maar zijn mooie woorden zijn er nog steeds. Dat is de oerreden om kunst te maken: in herinneringen leef je voort. Voor correspondentie geldt dat ook, zij het op kleinere schaal. Ik vroeg me af of dit bescheiden genre in dat opzicht misschien zelfs wel belangrijker kon zijn dan de literaire roman. Zou een bedankkaart in zijn kleine kringetje wellicht meer blijfkracht kunnen hebben dan een bestseller? Boeken raken uitverkocht, of worden weggegooid. Kaarten natuurlijk ook, maar de bijzondere exemplaren, met woorden uit het hart, liggen vaak in een doos vol herinneringen te wachten om ontdekt te worden door volgende generaties.

Spijt op je sterfbed heb je meestal van dingen die je niet hebt gedaan of niet hebt gezegd. Dit project is voor mij een manier geweest om álles te zeggen. Ik laat een spoor achter van papier.

En hoewel een bedankje geen verjaringstermijn heeft, hebben we niet onbeperkt de tijd. Ik had mijn vriend John al drie of vier jaar niet gezien, maar dacht wel aan hem en wilde hem in juli een kaart schrijven, in mijn etensmaand. Hij overleed in april.

Ik leerde John en zijn vrouw Marie kennen toen ik nog redactieassistent bij *O* was. Ik wilde graag bij een foodtijdschrift werken, liefst als reisredacteur bij *Food & Wine*, dus ik schreef me in voor een cursus over Italiaanse wijn. Ik hoopte dat ik daar niet alleen het verschil zou leren tussen een barolo en een barbaresco, maar ook gelijkgestemden zou ontmoeten. Maar dat die gelijkgestemden een koppel zestigers uit New Jersey zou zijn, had ik niet verwacht.

John was meestal de langste man van het gezelschap – en altijd de aardigste. Hij vertelde me eens dat hij als kind altijd de Kerstman had willen worden, en toen zijn vier dochters volwassen waren en hij goed geld had verdiend als actuaris, vond hij het heerlijk om Manhattan in te rijden en zijn vrienden te trakteren op een luxe maaltijd. Zo kwam het dat ik op mijn drieëntwintigste aan een tafel in een van de chicste restaurants van de stad zat. Daarnaast kon John ontzettend goed luisteren. Na onze etentjes voelde ik me altijd goed gevoed én goed verzorgd.

Aan John kon ik geen kaartje meer sturen, dus ik schreef zijn weduwe. *Ik denk zo vaak aan John, en aan wat een geluk het was dat we bij Becco aan dezelfde tafel werden gezet. Ik koester de herinneringen aan onze fantastische, chique etentjes; een ongelooflijke traktatie voor een twintiger met een liefde voor eten en een beperkt besteedbaar inkomen. Ik herinner me vooral de gezellige avonden bij Babbo, Little Giant & Daniel – dat was de eerste keer dat een ober mijn tas een eigen stoel gaf, ha! En ik vond het zó leuk dat John aan het begin van de maaltijd altijd roséchampagne bestelde dat ik die feestelijke & heerlijke traditie erin heb gehouden. Ik ben jullie allebei ontzettend dankbaar voor die uitbundige etentjes – en voor jullie vriendschap. Ik mis John, en ik stuur je heel veel liefde & dankbaarheid.*

Een paar maanden later nam Marie contact met me op: 'Ik wilde je al eerder schrijven om je te laten weten hoe ontzettend blij ik werd van je bedankje (en het betekende ook heel veel voor mijn familie, aan wie ik het heb laten zien). Wat je zei over de eerste keer dat we elkaar ontmoetten en wat dat voor je betekende… Het maakte me aan het lachen, huilen, het bracht herinneringen boven – en dat allemaal tegelijkertijd!! Het was echt een genot om je kaart te krijgen.'

Condoleancekaarten werken hetzelfde als bedankkaarten, realiseerde ik me. Idealiter zet je de overledene in de schijnwerpers door een concrete herinnering te delen, als een laatste bedankje aan degene die er niet meer is, maar dan geadresseerd aan zijn of haar geliefden.

'Een uitvaartspeech is bovenal een eenvoudige en elegante zoektocht naar kleine waarheden,' schreef Tom Chiarella in een *Esquire*-artikel over hoe je een uitvaartspeech houdt. Zijn advies is ook van toepassing op condoleancekaarten en betekenisvolle bedankjes.

Het jaar na Johns overlijden was voor Marie nog moeilijker dan die eerste, rauwe maanden. Ze schreef me met de vraag of ik misschien nog praktische tips had voor haar eigen dankbaarheidsreis. 'Pakte je je rolodex erbij en begon je bij de a, tot je bij de z was? Of deed je het op basis van de kalender: wanneer kwam deze persoon in mijn leven? Ik wil dit heel graag doen, want jouw bedankje betekende enorm veel voor me. Het ontroerde me echt!'

Ik stuurde haar mijn tips en adviezen, een soort samenvatting van dit boek, en bood haar mijn begeleiding aan. Ik weet zeker dat het niet moeilijk voor haar zal zijn om die 'kleine waarheden' over John te vinden. Als ze die waarheden vervolgens ook opschrijft, deelt met de mensen die van hem hielden en hen bedankt voor die liefde, misschien helpt dat haar dan wel om haar verdriet te verwerken.

En het mooie is dat die briefjes dan in de wereld zijn, wachtend op een toekomstige lezer die misschien wel geïnspireerd raakt en een vriend trakteert op een chic etentje met roséchampagne.

ZO KIES EN BEDANK JE ZORGVERLENERS

1. ***Denk terug aan cruciale gezondheidsmomenten.*** Ga na wat je lijf allemaal heeft meegemaakt en ga ook de gezondheid van je familieleden na.
2. ***Wijs de zorgverleners aan die alles deden wat in hun macht lag.*** Dat kunnen artsen zijn, verpleegkundigen, doula's, psychologen of fysiotherapeuten die uitzonderlijk goed waren in hun werk, of die je behandelden als een mens en niet alleen als een patiënt.
3. ***Denk ook aan de mensen die je hielpen op emotioneel vlak.*** Behulpzame familieleden en vrienden kunnen ook zorgverleners zijn.
4. ***Maak een template voor de eerste zin.*** Als je een stapel kaarten over één gezondheidscrisis schrijft, kun je ze allemaal op dezelfde manier beginnen. Dat maakt je werk niet alleen makkelijker, maar fungeert ook als een meditatief mantra. Daardoor ruim je je gedachten op en kun je je beter focussen op specifieke herinneringen.
5. ***Schrijf vanuit je hart.*** Beschrijf wat je je herinnert over de rol van de geadresseerde tijdens je crisis: noem iets wat hij of zij zei of deed, en vertel wat dat vervolgens met jóú deed.

HOOFDSTUK ZES

JUNI: THUIS

Wat je kunt leren van kaarten overslaan

VERRASSING: door imperfectie te omarmen kun je je doelen bereiken.

LES: sociale media kunnen verbinding niet vervangen.

VOORDEEL: het wordt steeds makkelijker om dankgevoelens te herkennen.

Ik had er vertrouwen in. Ik was bijna halverwege mijn jaar van dankbaarheid, ik had mijn ritme gevonden en ik begon te geloven dat ik mijn ambitieuze doel nog weleens zou kunnen bereiken ook.

Er was alleen één probleem: mijn adviesklus bij Boll & Branch zat erop. Ik had dus geen stille uurtjes meer in de trein naar New Jersey, maar liep nu dertig minuten langs het water in Brooklyn naar het gedeelde kantoorpand in Dumbo waar ik eerder in het jaar lid van was geworden. Het grootste gedeelte van mijn tijd besteedde ik aan kennismakingsgesprekken met potentiële klanten en aan het schrijven van *branded content* over ramen en potjes saladedressing en Franse yoghurt. Mijn laatste gezondheidsbedankjes waren een welkome afwisseling van mijn werk geweest, en ik had zin in mijn kaarten van juni. Het ouderschap en gezondheid waren grote, serieuze thema's geweest. Thuis zou lichter zijn, en leuker.

Wat vind ik het fijnst aan mijn huis? vroeg ik mezelf af aan een tafel met uitzicht op de Brooklyn Bridge. Dat was mijn eerste optie voor een insteek voor deze maand. Ik sloot mijn ogen en antwoordde: 'De mensen die er wonen.' Ik rolde met mijn ogen, geërgerd door mijn eigen oprechtheid. Ik had al bedankjes geschreven aan Jake, Henry en Charlie, en mijn familiemaand kwam er ook nog aan.

Ik probeerde er nog een: wat zou ik het meest missen als ik zou verhuizen? Makkelijk: onze Mews-buren. Ons huis heeft een beetje een gekke indeling. Als je de voordeur uit stapt, langs onze barbecue, dan zie je een hek naar de fietsenstalling van het aangrenzende gebouw. Loop je daardoorheen, dan zie je de Mews: een rij van vier kleine herenhuizen waar in elk ervan twee kinderen wonen. In het

weekend laten we onze deuren openstaan en rennen de kinderen in en uit. Ze gebruiken elkaars fietsen en spelen met elkaars voetbal, en we organiseren een paar keer per jaar met z'n allen een potluck – een Amerikaanse barbecue. We hebben zelfs een actieve appgroep waarin we elkaar om reservesleutels en WD-40 vragen en zelfgemaakte koekjes en marshmallows aanbieden. Beter wordt het niet.

Maar een paar van deze vrienden had ik al geschreven in mijn burenmaand.

Misschien was dit een idee: wie heeft mijn huis, of iets in mijn huis, verbeterd? Ja! Daar kon ik wat mee. Ik pakte een bedankkaartje en schreef: *Beste Richard, bedankt dat je ons internet zo goed gerepareerd hebt. Je deed meer dan wat je had hoeven doen. Ik had nooit gedacht dat ik nog eens een bedankje zou schrijven aan iemand van een internetbedrijf, maar je was 100% toegewijd aan ons internetprobleem. Door het op te lossen maakte je ons huis veiliger, en je wees ons ook nog op waterschade (dat zijn we nog aan het fiksen). En ook bedankt dat je die gebroken pot zo snel vergoedde. Je bent een held.*

Richard was echt een held, en dat vertelde ik hem graag.

Dan was er Tomas, een klusjesman die allerlei projecten in en om ons vorige appartement had opgepakt om het verkoopklaar te maken. Daarna hielp hij ons toen we in ons nieuwe huis waren neergestreken: hij sloot de verlichting aan en schilderde een vensterbank. Maar... ik had hem al een bedankje geschreven in maart, nadat ik hem had gebeld om te vragen of hij tijd had om een slaapkamer te schilderen en hij me vertelde dat hij met pensioen ging en naar Colombia zou verhuizen. Ik had hem direct een kaart gestuurd: *Het is duidelijk dat je hartstikke trots bent op je werk. En je was ook nog eens fijn in de omgang. We zullen je missen! (Vooral Henry, je 'beste vriend'!)*

Onze schoonmaakster dan, Angela, die ons huis al meer dan tien jaar een- of tweewekelijks stoft, dweilt en schoonveegt en die vaak heerlijke gekruide vis voor ons meebrengt. Onze kinderen zijn gek op haar. (Ik ben me op dit vlak bewust van mijn privilege. Dat we in ons budget ruimte konden maken voor Angela heeft ons enorm veel plezier opgeleverd en eindeloos echtelijk gekibbel voorkomen. Ik zou nog eerder onze vakanties en etentjes buiten de deur opgeven dan haar fantastische werk.) Maar ook Angela had ik al geschreven, in april, buiten het thema om: *Bedankt dat je zo behulpzaam en lief was op die enge dag met de koolmonoxide – en op alle andere dagen. En ook bedankt voor de lekkere vis waar we zo gek op zijn. Je bent de beste en we zijn je ontzettend dankbaar!*

Ik was onderweg geweest naar New Jersey toen Angela me had gebeld. Ze klonk zowel van streek als kalm: ‘Er staat een brandweerwagen voor jullie huis, en ze willen binnenkomen.’ Wat bleek: onze koolmonoxidemelder was afgegaan en de brandweer had er een automatische melding van gekregen. De brandweermannen wilden net onze deur intrappen toen Angela aankwam. Ze was die dag oprecht onmisbaar, haalde zelfs Henry op van school terwijl Jake van alles met de instanties regelde. Het koolmonoxidelek had dodelijk kunnen zijn, maar dankzij onze melder en de hulp van heel veel mensen, onder wie Angela, was iedereen veilig.

En dat is waar een thuis uiteindelijk om draait, toch?

Door imperfectie te omarmen kun je je doelen bereiken

Om de boel even samen te vatten: van de drie huisverbeteraars die geen familieleden of buren waren, had ik er twee al een bedankje gestuurd.

Ik wilde dit probleem oplossen, dus ik probeerde nog een insteek. Wat vind ik nog meer fijn aan mijn huis? De ingebouwde boekenkast. Het zwart-witte golfjesbehang in de kinderkamer. Ik overwoog serieus heel even om de man die de boekenkasten had gemaakt en de ontwerpers van het behang op te sporen, maar in plaats daarvan ging ik voor de enge optie: ik stopte met deze maand.

Dat zou ik ook hebben gedaan als ik hoofdredacteur was en het tijdschriftthema niet uit de verf kwam. Bij *O* had elk nummer een thema – moeders, jaloezie, passie, ouder worden – en het kwam weleens voor dat de hoofdredacteuren een thema schrapten als ze de artikelideeën niet sterk genoeg vonden.

Als ik bleef stoeien met deze puzzel, bleef speuren naar huisgerelateerde bedankjes waar ik inspiratie van kreeg, dan zou het hele project blijven steken. Eén maand achterstand zouden er twee worden, drie, en uiteindelijk zou ik de vrouw zijn die 152 bedankjes in zes maanden had geschreven, wat toch een stuk minder lekker klonk.

Nu, meer dan een jaar later en met mijn 365 bedankjes al lang en breed achter de rug, probeer ik dit probleem nog steeds op te lossen. Onder het mom van 'waarom ben je hier überhaupt nog mee bezig?' bedacht ik laatst bijvoorbeeld deze insteek: *Wijs dertig van je lievelingsitems in huis aan en bedank degene die ze heeft gemaakt of gegeven. Ideeën: mama's oude bedelarmbandje. De make-uptafel die Brigitte in Greenpoint spotte. De poster die Jake in het Louisiana Museum had gekocht.*

Begrijp me niet verkeerd: als het idee van een thuismaand je aanspreekt, dan is dit een prima insteek. Je lievelingsitems zijn in de eerste plaats maar gewoon spullen, maar als je er een persoon en een verhaal aan linkt, kunnen het waardevolle bedankjes worden.

Of als je een goeie smaak hebt en je je eigen huis hebt ontworpen, dan heb je misschien nog wel een lijst van aannemers en timmermannen om te bedanken en O MIJN GOD, NU DOE IK HET WEER!

Het opgeven was (duidelijk) niet in lijn met mijn koppige karakter, maar dit project had me wel geleerd om imperfectie te omarmen. 365 bedankjes schrijven is in élke levensfase een flinke opgave, maar met twee kleine kinderen en een nu-of-nooit-carrière kon ik alleen maar doorgaan als ik elk tijd- of energiezuigend obstakel links liet liggen.

Moet ik extra mooie kaarten gebruiken? Ik ben gek op van die dikke, handgemaakte drukperskaarten, maar de bijbehorende prijskaartjes tikken bij elkaar opgeteld lekker aan. Na de eerste dure maand kocht ik daarom een set van honderd gekleurde, praktische kaarten en enveloppen bij Target.

Moet ik de kaarten eerst proefschrijven? Nope. Een extra stap kost tijd, en die heb ik niet. Als ik een fout maak, kras ik hem gewoon door. En als ik afdwaal, vind ik wel een manier om weer terug bij het onderwerp te komen.

Moet ik zo netjes mogelijk schrijven? Dat kan, maar ik doe het niet. Ik schrijf zo snel als mijn gedachten komen en doe mijn best om het leesbaar te houden.

Moet ik alles opschrijven wat de ontvanger voor me betekent? Nee, ik hou de kaarten kort en to the point. (Des te beter dus als er een point ís.)

Moeten het poëtische kaarten worden? Literaire uitsloverij is nergens voor nodig. Ik richt me liever op de ontvanger en schrijf vanuit mijn hart.

De voortdurend opdoemende deadlines waren tot nu toe misschien wel mijn grootste obstakels geweest. Ze hielden me weliswaar bij de les, maar ik liep altijd een week of twee (of meer) achter met het schrijven van de kaarten. Het adres erop zetten en ze vervolgens opsturen kostte me soms ook een paar weken. Maar ik bestreed mijn schuldgevoelens door mezelf eraan te herinneren dat ik die deadlines zélf had verzonnen. Als ik vooruit wilde komen, moest ik me comfortabel leren voelen bij achterlopen.

Dat mijn thuismaand mislukt was, was hooguit een extra obstakel waar ik overheen moest springen. Maar het betekende wel dat ik mezelf opzadelde met een extra batch kaarten – thema: onbekend – die ik nog voor het eind van het jaar moest schrijven om mijn doel van 365 bedankjes te behalen.

Een zorg voor later.

Sociale media kunnen verbinding niet vervangen

Het kostte me een paar weken om de knoop over deze maand door te hakken, en al die tijd liep ik rond zonder een stapel kaarten om mijn vrije minuten mee door te brengen. Als een verslaafde met een terugslag pakte ik mijn telefoon er dus weer bij, maar waar ik aan het begin van het jaar als verdoofd in de trein had zitten scrollen, was ik me nu akelig bewust van de gewoonte en wat het met me deed: ik voelde me afgemat, afgezonderd, ontworteld. En toch, zelfs nu ik er zo mindful mee bezig was, kon ik er maar moeilijk mee stoppen.

Ik wist dat ik niet de enige was. Ik had gehoord dat sociale media in ons brein eenzelfde reactie teweegbrengen als drugs – al zeggen neurowetenschappers die de effecten van sociale media op ons brein onderzoeken dat gokautomaten in het casino beter vergelijkingsmateriaal zijn.

Als je een socialmediamelding krijgt, sturen je hersenen een chemische feelgoodkoerier, dopamine, langs een van de beloningspaden in je brein. Je maakt ook dopamine aan tijdens work-outs en seks, en bij lekker eten, drugs, liefde en – en nu wordt het relevant – positieve sociale interactie. Daarbij kun je denken aan lachende gezichten, bevestiging van gelijkgestemden en berichten van geliefden.

Die beloningspaden in je brein beginnen al te tintelen zodra de dopamine in aantocht is. Tegen de tijd dat het er ook echt is, bijvoorbeeld als je een foto van een mollige baby in je feed ziet, versterkt die associatie de neuroconnecties door de intensiteit van de reactie te verhogen. Je hersenen vinden dat gevoel fijn; het wordt steeds beter en beter; ze willen meer. Voilà, een verslaving.

En daar blijft het niet bij. Onze hersenen hebben een soort voorspellingsstoring: de *reward prediction error*. Daardoor raakt je brein gemakkelijker verslaafd aan dopaminebeloningen als ze willekeurig worden afgevuurd. Casino-eigenaren weten dat maar al te goed. Als de rollen van een gokautomaat draaien, is het gevoel van anticipatie enórm, want in de seconden tussen het overhalen van de hendel en de uitkomst worden je dopamineneuronen actief. Het spel zelf is dus de beloning.

Als je eenmaal weet dat je op willekeurige momenten een beloning kunt krijgen, en als het je maar weinig moeite kost om te controleren of dat moment zich misschien al heeft aangediend, wordt het controleren een gewoonte. Ooit werden onze socialmediafeeds chronologisch geüpdatet, maar tegenwoordig zit er een willekeurig beloningspatroon in het algoritme dat vergelijkbaar is met dat van gokautomaten – en dat is geen toeval. Dit is hoe je wordt verleid om meer tijd door te brengen op je feeds.

Ondertussen herprogrammeert ons brein zichzelf, want het wil meer likes en meer comments, meer lachende gezichten en semi-interessant nieuws. Echt waar, als je te veel op sociale media zit, veranderen de chemische processen in je hersenen. In feite zitten we allemaal naar minigokautomaten te kijken met een oneindige voorraad aan sociale prikkels, waardoor we steeds een beetje dopamine aanmaken. Geen wonder dat we het moeilijk vinden om ermee te stoppen.

Toen Chamath Palihapitiya, die als voormalig Facebook-topman verantwoordelijk was voor de gebruikersgroei, op Stanford een speech hield over het onderwerp 'geld als instrument voor sociale verandering', vroeg een student hem naar zijn rol in de exploitatie van consumentengedrag. 'Ik voel me daar ongelooflijk schuldig over,' antwoordde hij. 'De dopaminegedreven hang naar feedback die we gecreëerd hebben verwoest onze samenleving.'

Ik bedoel maar.

En hé, gokautomaten kunnen hartstikke leuk zijn. Wie is er nou niet gevoelig voor de spanning van het gokken? Wie wordt er nou niet blij van een foto van een puppy? Ik zeg dus niet dat we al die apps maar moeten verwijderen. Integendeel. Toen we thuiszaten tijdens de coronalockdown waren die dopamineshots onze redding – en soms zelfs nog meer dan dat. Het waren adembenemende dansvoorstellingen, stormachtige comedyoptredens. Onze telefoons brachten ons elke dag de mooiste kunst en een gevoel van saamhorigheid. Maar zoals alles wat met dopamine te maken heeft, wil ik me bewust zijn van de steile afgrond richting een digitale verslaving. Ik wil gokken met een klein bedrag aan munten, en als de emmer leeg is, wil ik stóppen.

Terwijl ik me aan het inlezen was over hoe ons brein zichzelf herprogrammeert en daardoor dus alleen maar meer lachende gezichten en duimpjes omhoog en complimenteuze comments wil, dacht ik terug aan mijn gesprek met Cory Allen, de meditatie-expert. Hij had me uitgelegd dat positief denken ook een sterke invloed kan hebben op het herprogrammeren van ons brein.

'Warmte en liefde cultiveren kan een goede meditatieoefening zijn,' zei hij. 'Je kunt tijdens de meditatie aan je kind denken, en aan de warmte die daarbij hoort. Als je dat gevoel goed kunt doorvoelen, dan kan dat ontzettend veel impact hebben op je emotionele staat van zijn. Dat komt door de verandering in neuroplasticiteit bij terugkerende hersenpatronen. Plasticiteit betekent dat het kneedbaar is, vormbaar.'

Bret Stetka, die het boek *A History of the Human Brain* schreef, bevestigt dat. 'Emoties doorvoelen, of ze nou positief, neutraal of negatief zijn, geeft ons de kans om onze neuroconnecties te herprogrammeren, en dat komt door neuroplasticiteit. Vooral gevoelens als liefde en warmte ontstaan via de onderlinge verbindingen in de beloningsgebieden van je hersenen, zoals de amygdala, de prefrontale cortex en het striatum. Die werken allemaal samen met oxytocine, het knuffelhormoon uit de hypothalamus.'

Stetka legde uit: 'Gedachten sturen zenuwsignalen over axonen. Dat zijn lange, cellulaire extensies die verbinding maken met kortere extensies op aangrenzende neuronen die dendrieten heten. Het punt waarop de axon en de dendriet samenkomen heet de synaps, en dat is waar de neurotransmitters worden losgelaten.' Dat is hoe nadenken werkt. En omdat onze hersenen dankzij de evolutie zo efficiënt mogelijk zijn geworden, gaan de paden waarlangs de zenuwsignalen met elkaar communiceren zichzelf herprogrammeren zodra we volgens een bepaald patroon denken. Dat is minder belastend voor het brein.

Allen gaf me dit voorbeeld: 'Wiskunde kan heel abstract en moeilijk zijn, maar als je je er elke dag één uur lang helemaal in onderdompelt, dan kun je het ineens met twee vingers in je neus. Voor je emotionele welzijn – en dan vooral je optimisme en je kijk op de wereld – geldt hetzelfde: door anders te gaan denken kun je dat veranderen. Als je bijvoorbeeld focust op een positief gevoel, of aan een kind denkt, en daarvan een standaardonderdeel van je meditatie maakt, kun je trainen hoe je emotioneel reageert. Zo kun je veranderen hoe je naar de wereld kijkt.'

Sociale media kunnen je brein dus herprogrammeren, maar mijn bedankjes konden dat ook. Als kleine krijgers bestreden ze mijn dagelijkse-sleur-smartphoneverslaving.

Laten we eerlijk zijn: het grootste deel van onze vrije tijd besteden we aan sociale media. Die collectieve hobby komt er kortweg op neer dat je bewondert wat andere mensen hebben (Instagram), of dat je jezelf overgeeft aan een neerwaartse spiraal (Facebook, Twitter). Een dankbaarheidskaart is daartegen de perfecte remedie: door dingen, mensen en herinneringen in de spotlight te zetten besteed je je tijd aan iets wat uitsluitend positief is.

We pakken onze telefoon omdat we gezelschap zoeken. En sociale media zijn weliswaar leuk, maar ze kunnen dat gezelschap niet vervangen. Als we eens zouden onderzoeken wat we écht nodig hebben, en als we vervolgens een beetje van die scrolltijd zouden inruilen voor oprechte verbinding, dan krijgen we er tevredenheid en rust voor terug – het gevoel dat ik ervoer toen ik in januari in de trein zat. Je kunt verbinding maken door vrienden te schrijven, je moeder te bellen, met vreemden te praten, of zelfs door gewoon even alleen te zijn. Als we ze de ruimte geven, kunnen onze gedachten heel goed gezelschap zijn.

Het wordt steeds makkelijker om dankgevoelens te herkennen

Toen ik tegen het eind van juni mijn telefoon weer neerlegde – of dat in elk geval probeerde; het is een proces – en het thema definitief liet zitten, viel me iets op. Ik begon mijn dankbaarheid ter plekke te uiten, met meer woorden dan ik ooit had gedaan. Was dat het bewijs dat mijn brein zichzelf had geherprogrammeerd en nu dankbaarder was?

Neem de hectische ochtend waarop ik pas op het metrostation ontdekte dat ik mijn portemonnee was vergeten en dus niet met de metro kon – terwijl ik al laat was voor een afspraak aan de andere kant van de stad. Ik regelde een Lyft met mijn telefoon, die ik gelukkig niet was vergeten, en merkte dat de chauffeur, Chiou, mijn onrust aanvoelde en de hele rit zijn best deed om de snelste weg te vinden. Normaal gesproken had ik die dertig minuten alleen maar zitten stressen over het verkeer, maar nu focuste ik me op hoe Chiou me probeerde te helpen. Tegen de tijd dat we door Central Park reden, was het duidelijk dat zijn methode werkte: hij had zeven minuten van onze aankomsttijd af weten te schaven, waardoor ik precies op tijd zou zijn. Ik bedankte hem en vertelde hem over mijn ochtend: over de vergeten portemonnee en de belangrijke afspraak. Ik zei dat hij goed was in zijn werk en gaf hem een dikke fooi, maar je kunt ook betalen met verhalen, en die zijn gratis. 'Veel succes vandaag!' riep hij me na.

Omdat ik mijn portemonnee ook zou moeten trekken voor de terugweg, appte ik mijn schoonouders, die dichtbij wonen. Terwijl ik werkte, liet Lu een briefje van twintig dollar achter bij haar portieren, Sam en Angel, die me allebei een knuffel gaven toen ik het geld kwam ophalen.

Mijn dankbaarheid voor alle mensen die me die ochtend hielpen kleurde de rest van mijn dag, die, zo viel me op, fijn en zonnig was.

Toen ik thuiskwam om onze nanny Rhonda af te lossen, zag ik dat het huis helemaal aan kant was en appte ik haar een bedankje. Daarna ging ik aan mijn bureau zitten en bewonderde ik (voor de duizendste keer) het prachtige bloemenschilderij van mijn vriendin Chloe. Ik liet de gedachte niet onopgemerkt voorbijgaan, maar appte Chloe een foto en schreef erbij dat de bloemen de kamer echt opfleurden.

We hebben allemaal weleens van die vluchtige gevoelens van blijdschap en dankbaarheid, en je kunt ze op een heel makkelijke manier vastgrijpen: door ze te delen met de mensen die er verantwoordelijk voor zijn. Dat was ik mezelf nu aan het aanleren. Als er een dankbare gedachte of een complimentje in mijn hoofd opdook, leerde ik dat op te merken en er iets mee te doen.

De wereld zit vol met kleine dingen om dankbaar voor te zijn. Dat weten we allemaal, maar het kost tijd om die dingen ook echt te gaan herkennen. Jimmy Fallon leest al tien jaar lang bedankjes voor in zijn televisieshows: eerst in *Late Night* en nu in *The Tonight Show*. 'Dank jullie wel, quilts, dat jullie dekens zijn die bestaan uit kleine dekens.' 'Dank je wel, websiteknop met de tekst "Wachtwoord vergeten?", dat je eigenlijk gewoon mijn wachtwoord bent.'

Ik nam contact op met Jeremy Bronson, de schrijver die deze running gag tien jaar geleden had bedacht. Hij had zitten broeden op een terugkerend item voor Jimmy toen hij in de supermarkt een nieuwe smaak Coca-Cola Light zag staan. 'Ik keek ernaar,' zei hij, 'en ik dacht: ik kan deze Coca-Cola Light bedanken voor zijn bestaan en dat dan grappig maken.'

Wat had deze bedankjesbril met Jeremy's kijk op de wereld gedaan? 'Als ik om me heen kijk, ben ik wel wat meer mindful, me meer bewust van dingen waar ik iets tegen zou willen zeggen, of die juist om een beetje dankbaarheid vragen,' zei hij. 'Ik denk dat iedereen die voor zijn werk elke week een stel bedankjes moet schrijven wel wat bewuster wordt van wie we zouden moeten bedanken.'

Als je dingen zoekt om dankbaar voor te zijn, dan ga je ze overal zien. Sommige dingen lijken triviaal en misschien zelfs absurd, zoals een nieuwe frisdranksmaak, maar juist die kleine dingen geven ons miniboosts die bijdragen aan een dankbare mindset.

ZO ZEG JE TER PLEKKE 'DANK JE WEL'

1. ***Spot je dankgedachte.*** Merk je een snel, vluchtig moment van dankbaarheid op? Grijp het vast! Bijvoorbeeld als je (ooit) denkt: deze klantenservicemedewerker is echt behulpzaam. (Ik zei toch dat ik een optimist ben?) Of: dat etentje van gisteren was zó leuk.
2. ***Uit je dankbaarheid ter plekke met een snufje gevoel en een compliment.*** Tegen de klantenservicemedewerker: 'Bedankt dat je de tijd neemt voor me. Ik zag echt op tegen dit telefoontje, maar ik ben blij dat jij degene bent die opnam. Je bent echt goed in je werk.' En aan de gastheer- of vrouw, via een appje of belletje: 'Wat een fantastisch feestje met heerlijke mensen en lekker eten. Ik voelde me op mijn gemak bij jou thuis. Je zorgde voor een heel ongedwongen sfeer.'
3. ***Geef er een vervolg aan.*** Een online review of een telefoontje naar een manager kan je gebaar meer impact geven.
4. ***Maak notities.*** Schrijf die kleine dankmomenten op en kijk hoeveel meer het er worden naarmate je vaker oefent.
5. ***Ga ervoor.*** Heb je een innerlijk stemmetje dat je ervan weerhoudt om echt je dankbaarheid te uiten? Snoer het de mond. Het ongemakkelijke moment waar je bang voor bent bestaat alleen in je hoofd. Dat is wetenschappelijk bewezen (zie pagina 119 in hoofdstuk 7).

HOOFDSTUK ZEVEN

JULI: ETEN

Hoe kaarten aan mensen die je leven leuker maakten hún leven leuker kunnen maken

VOORDEEL: dankbaarheid leidt tot vrijgevigheid.

VERRASSING: heel veel mensen hebben het heel vaak moeilijk.

LES: ongemak is onterecht.

Ik had een extra reden om mijn moeilijke thuismaand overboord te gooien: ik kon niet wachten om aan het volgende thema te beginnen.

De eerste thema's die ik tijdens mijn brainstorm in januari had bedacht, lagen voor de hand: buren, familieleden, vrienden en mentors. Daarna verzon ik iets onverwachts: eten! Ik had nog niet echt stilgestaan bij de praktische invulling – ging ik kookboekenauteurs bedanken? Culinaire schrijvers? Chefs, boeren, mensen die een etentje hadden gegeven? –, maar in één klap was het hele project op zijn plaats gevallen. Het jaar zou niet alleen om dankbaarheid draaien, maar ook om plezier. Ik voelde me compleet op mijn gemak als ik over eten schreef. Ik verdiende er ooit zelfs mijn geld mee.

Ik herinner me nog dat ik voor het eerst het woord 'foodie' hoorde. Wat een lelijk woord, dacht ik, maar blijkbaar is er een naam voor wat ik ben. Toen ik 22 was, verslond ik de memoires van *Gourmet*-hoofdredacteur Ruth Reichl terwijl ik op de hond paste in het erg volwassen appartement van mijn collega Val. Die avond ging ik met mezelf uit eten bij BCD Tofu House, een restaurant in Koreatown waarover Reichl schreef in het boek, en terwijl ik de laatste happen van mijn perfect vierkante, custardachtige tofu at, besloot ik dat ik culinair schrijver wilde worden.

Toen ik dat niet veel later op een feestje in Murray Hill vertelde, vroeg iemand: 'Bedoel je een culinair recensent?' Het was 2002. De Food Network-themazender bestond nog niet eens tien jaar en schrijven over eten was niet bepaald een spraakmakend carrièrepad. Toch vond ik werk als redacteur bij foodtijdschriften: eerst bij *Rachael Ray Every Day*, waar 'foodie' op de lijst met verboden woorden stond, en daarna bij *Food & Wine*, waar we de term wel gebruikten, maar met mate. En ook buiten werktijd was ik altijd met eten bezig. Ik besteedde hele weekenden aan een speurtocht naar de beste soepdumplings, of de organisatie van uitgebreide etentjes, bijvoorbeeld met een Joods-Thais thema.

Om een lang verhaal kort te maken: eten is een groot deel van mijn identiteit. Een tijdje geleden stuurde ik mijn vriend Jorma een kaart omdat zijn oma was overleden, en hij schreef terug: 'Ze hield van het leven en leefde het ook echt.' Ik antwoordde: 'Dat zou ik nou wel op mijn grafsteen willen hebben.' Waarop hij direct zei: 'Ik denk dat er op jouw grafsteen iets over eten moet komen te staan.'

Mijn vrienden zien me dus nog steeds als een eetliefhebber, maar ik vraag me vaak af – *piep!* even de vissticks omdraaien – of ik dat nog steeds ben. Thuis ben ik vooral een frituurchef en flans ik meestal snelle diepvriesmaaltijden in elkaar. Als je me om een restauranttip vraagt, geef ik je er geheid eentje op loopafstand van mijn huis. (Kleine nuance: in de buurt waar ik woon zitten een pizzeria waar Beyoncé graag komt, drie of vier cocktailbars op wereldniveau en een Thais tentje waar het eten zo pittig is dat je zwetend naar huis gaat.) En schrijven over eten is door Instagram en alle omgevallen foodtijdschriften wat werk betreft allang niet meer mijn belangrijkste inkomstenbron.

De afgelopen maanden ben ik vanwege lichte gezondheidsklachten gestopt met het eten van geraffineerde suikers, gluten en zuivel. Zuivel! Herinner je je mijn bedankje aan Gianluca nog, van onze favoriete mozz-a-YA-YA-winkel bij ons in de buurt? Voor het kaastijdschrift *Culture* heb ik zelfs een keer een heel essay geschreven over mijn liefde voor mozzarella. ('Het is misschien niet de meest interessante of gelaagde kaas, maar het is zuivel in zijn meest zuivere vorm.') Ik schreef verdorie een kookboek over nacho's! En nu ontbijt ik met eieren met kimchi en snack ik walnoten en blikjes gerookte mosselen en ben ik dus eigenlijk onbedoeld een asceet geworden.

Tijdens het samenstellen van mijn ontvangerslijst voor juli vroeg ik me af: zou ik de foodie in mezelf misschien weer terug kunnen vinden door de mensen te schrijven aan wie ik allerlei onvergetelijke etentjes en mijn eetcarrière te danken had?

Dankbaarheid leidt tot vrijgevigheid

Een van mijn regels voor bedankkaarten luidt: proefschrijven mag niet. Dat is een zeikerige extra stap die de boel alleen maar vertraagt. Ik begon mijn bedankje aan Ruth Reichl dus net als al mijn andere bedankjes: met een pen en een kaart en zonder vastomlijnd plan. *Beste mevrouw Reichl, uw memoires* Tender at the Bone *beïnvloedden de loop...* Daar stopte ik. Kun je een loop beïnvloeden? Ik gooide de kaart weg en begon opnieuw. *Beste mevrouw Reichl, ik wist niet wat ik wilde worden tot ik uw...* Nee, dat vond ik ook niks.

Zo kwam het dat ik voor het eerst dat jaar mijn regel brak en een brief aan mijn idool in Word uittypte voordat ik de weloverwogen tekst overschreef op een mooie kaart – geen goedkoop indexkaartje van Target. Bij de brievenbus suste ik mijn innerlijke stem die zei dat ze mijn kaart belachelijk zou vinden, en ik verstuurde hem.

Uw boek Tender at the Bone *veranderde mijn carrière. Ik realiseerde me dat schrijven over eten een baan is, en dat ik die baan wilde. Ik begon mijn wens hardop uit te spreken. En toen nam Frank Lalli, mijn mentor, die ik had leren kennen tijdens mijn stage bij het tijdschrift* George, *me aan om Rachael Rays tijdschrift te lanceren. Daar werkte ik nog steeds toen* Gourmet *ophield te bestaan. Letterlijk ziek was ik ervan. Hoe kon ik mijn droom om bij* Gourmet *te werken nou verwezenlijken als* Gourmet *er niet meer was? En: wat moest ik nu koken? Tot op de dag van vandaag vind ik* Gourmet*-recepten betrouwbaarder dan welke recepten dan ook. (Ha! Niet aan Dana of Tina van* F&W *vertellen; daar werd ik later reisredacteur.) Ik maak de rijstsoep met kip en gember elk jaar op de verjaardag van mijn man, en de erwtensoep met roggecroutons op de halve verjaardag van mijn zoon.*

Ook van uw nieuwste boek heb ik genoten. Ik werd ontslagen bij F&W, *dus ik herkende mezelf erin. Bedankt dat u zulke prachtige boeken schrijft en zo'n perfect tijdschrift heeft gemaakt. Ik weet niet waar mijn achtergrond in culinaire journalistiek nog toe zal leiden in het huidige medialandschap, maar ik ben ontzettend dankbaar voor de skills die ik heb ontwikkeld en de mensen die ik heb ontmoet. Mensen die van eten houden zijn* écht *de beste mensen.*

Met die laatste zin parafraseerde ik Julia Child: '*People who love to eat are always the best people.*' Neem Diana Sturgis, die de testkeuken bij *Rachael Ray Every Day* bestierde. Nadat ik er een keer binnen was gelopen en een hemels hapje van een perfecte *hot cross bun* had genomen die net uit de oven kwam, had Diana me de volgende dag het recept gegeven – handgeschreven. Het zit nog steeds in mijn receptenmap. *Dat was kenmerkend voor hoe lief en aardig je bent*, schreef ik haar. Een paar weken later viste ik haar antwoord uit de brievenbus: *Dat recept leerde ik mijn middelbareschoolleerlingen in Wales meer dan 50 jaar geleden al! Nu heb ik echt zin in een bun, maar ik eet glutenvrij, dus vergeet het maar.* Diana's comanager, Tracey Seaman, bakte samen met haar team altijd een taart op mijn verjaardag. Foodmensen zijn aardig tot op het bot.

Ik had het geluk dat ik had mogen samenwerken met een paar van de beste foodmensen ter wereld. De legendarische Tina Ujlaki, de voormalige fooddirecteur van *Food & Wine*, was een van hen. Aan haar schreef ik: *Ik heb veel nagedacht over mijn drie jaar bij* F&W, *en over het voorrecht dat ik me aan mocht sluiten bij de foodelite. Bedankt dat je altijd de tijd voor me nam en je fantastische foodkennis met me deelde. Ik vond het heerlijk om af en toe in de testkeuken te zijn, en ik vond het net zo heerlijk om met z'n allen te brainstormen. Onze dessertproeverij bij Paul Liebrandt in Tribeca was onvergetelijk – vooral dat ongelooflijke toetje van concorddruiven en zwarte sesam. Wat een avond was dat, en wat een mooie jaren.*

Ik nam vanaf mijn werk zoveel briljante recepten en technieken mee naar huis dat ik ook in mijn eigen keuken de lekkerste dingen maakte. Toen ik moeder werd, verloor ik mijn mojo even, maar dankzij één specifiek kookboek kreeg ik de smaak weer te pakken. Daar stuurde ik de auteur, Jenny Rosenstrach, een bedankje voor. *Beste Jenny,* schreef ik. *Ik gebruik je voornaam omdat ik het gevoel heb dat ik je ken. Tot ik* Dinner: The Playbook *tegenkwam, had ik geen plezier meer in koken. In mijn vorige leven was ik een goeie, gedreven kok die altijd nieuwe recepten wilde uitproberen, maar toen kreeg ik een kind – en een nieuw leven. Maandenlang voedde ik de baby en mijn man mij. Dat vind/vond ik heel fijn... maar ik miste het koken. Jouw boek gaf me vertrouwen en een plan voor in de keuken. Ik heb inmiddels bijna alle recepten gemaakt; het boek zit onder de vlekken en spetters. De kip-parmezaanballetjes staan váák op het menu, net als de chorizofrittata. Ik ben gek op koken. Bedankt dat je me daaraan hebt herinnerd!*

Wat er 's avonds bij ons op tafel staat, wordt vooral bepaald door de mensen van onze favoriete boerenmarktkraam, Lani's. *Beste Nermin*, schreef ik. *We vinden het altijd een feestje om naar Lani's te gaan. Dat komt niet alleen door jullie prachtige groenten (waar we ons hele weekmenu op baseren), maar ook doordat jullie zo lief en aardig zijn voor mij en Jake en onze kinderen, Henry en Charlie. Bedankt voor alles wat jullie doen!*

Dat drieregelige bedankje had een groots effect. Henry gaf het aan Nermin – ik had de week ervoor voor hem opgeschreven hoe je zijn naam spelt – en we begonnen hem allemaal bij zijn naam te noemen. Hij deed op zijn beurt hetzelfde bij ons. Elke week, tot op de dag van vandaag, zet hij twee doosjes eieren voor ons apart en geeft hij de jongens een enorme muffin: eentje met courgette voor Henry en eentje met pompoen voor Charlie. Ik werd er een beetje ongemakkelijk van, want gratis spullen krijgen was niet de reden dat ik bedankjes schreef. Dus toen ik een keer alleen bij hem langsging en Nermin me de muffins gaf, zei ik dat dat niet nodig was, dat hij al zo vaak zo aardig was geweest. Maar hij stond erop. Ik realiseerde me dat het hem een goed gevoel gaf om mijn kinderen te trakteren, en dat het daarom prima was om het cadeau in ontvangst te nemen. Met kerst namen we een portie chocoladekoekjes voor Nermin mee, en hij liet ons een foto zien van de eerste week dat hij de kraam onder zijn hoede had, 21 jaar geleden. Terwijl we naar huis liepen, draaide Henry zich naar me toe en zei: 'Nermin is de liefste boer ter wereld.'

De laatste ontvangers op mijn lijst werkten in onze favoriete restaurants. En ik had niet verwacht dat het zo emotioneel zou zijn om hen te bedanken.

Op mijn eenentwintigste verhuisde ik naar New York, en ik leerde de stad kennen door op zoek te gaan naar de beste (maar goedkope) restaurants. Op een gegeven moment begonnen die restaurants iets voor me te betekenen; het waren plekken waar ik me thuis voelde en die mijn leven kleur gaven. Als middentwintiger was Little Giant in de Lower East Side mijn tweede thuis, en na onze verhuizing naar Brooklyn namen Prime Meats, Battersby en Pok Pok die taak over. Terwijl ik bedankjes aan het personeel schreef, besefte ik hoe belangrijk die restaurants in elke fase van mijn leven waren geweest – en niet alleen vanwege het eten.

Aan Jen, de voormalige gastvrouw van Prime Meats, schreef ik: *Ik heb na zitten denken over onze eerste etentjes bij Prime Meats, die we gewéldig vonden, en ik realiseerde me dat dat vooral door jou kwam. Je creëerde een sfeer van warmte en oprechte gastvrijheid, waardoor we ons heel erg thuis voelden.*

En aan Erika, ooit de restaurantmanager bij Battersby: *Voordat de rest van de wereld jullie ontdekte, was het restaurant echt ons eigen plekje. Het was magisch, en gewoon bij ons in de buurt! Het eten was/is fantastisch, zeker, maar het grootste deel van de magie kwam door jou. Heb je ooit van dat ene citaat gehoord? Ik weet niet precies wie het zei (Danny Meyer?), maar: 'Je gaat naar een restaurant voor het eten en je komt terug voor de service.' Battersby liet me zien hoe waar dat is. Ik waardeer het enorm dat je zo goed in je werk bent, dat je ons altijd zo welkom liet voelen, dat je een plekje voor ons vrijhield aan de bar – en dat je jou bent. Het restaurant is echt niet hetzelfde zonder jou!*

Bij onze huidige hangplek, Pok Pok, de extra pittige Thai om de hoek, gingen we eten toen ik net ontdekt had dat ik zwanger was van Henry. Op een zomerse dag liep ik erlangs nadat ik net een stapel kaarten had geschreven en zag ik een brief in het raam hangen van de chef, Andy Ricker. Hij kondigde aan dat de zaak in september zou sluiten. Aan hem schreef ik: *Ik had één zalige avond alleen in de stad, zonder mijn gezin, en ik vond het heerlijk om hem te spenderen aan de bar van Pok Pok, met een ananascocktail en een lekker stuk vis. Als ik zeg dat we Pok Pok gaan missen, is dat een enorm understatement. Maar bedankt voor de pittige jaren; bedankt voor de kennismaking met* laab *en jasmijnrijstwater en* khao soi *en doeriancustard (mijn zwangerschapscraving) en pittige pinda's en veel te veel vleugels en al het andere. Dank je wel ook voor je bedachtzame afscheidsbrief. Dat compenseert de pijn oprecht een beetje.*

Cheeky's in Palm Springs is een heel ander soort plek. Maar minstens zo noemenswaardig, want je eet er een absoluut perfect ontbijt – vooral als je gaat voor de dunne, taaie maar knapperige wafels met zoute boter. Door de jaren heen was ik bevriend geraakt met de chef, Tara Lazar, en aan haar schreef ik: *Je weet niet half hoe vaak ik aan de wafels van Cheeky's denk, en aan de baconproeverij en de bloody mary's. Bedankt dat je zo lekker veel aanbevelingen geeft en ons zo vaak een plezier doet (je hebt inmiddels aardig wat tafels voor vrienden vrijgehouden).*

Tara mailde me en schreef dat ze de week erop in Brooklyn zou zijn. Ik nodigde haar gelijk uit voor erwtensoep met roggecroutons (het *Gourmet*-recept, natuurlijk). Ik herinner me dat ik tijdens het eten lachte om iets wat Jake zei, achteroverleunde en me ineens realiseerde hoe bijzonder het was om te koken voor een van de foodmensen die ik deze maand had uitgekozen, allemaal omdat ze zo aardig waren geweest en me zoveel plezier hadden gebracht.

Bij haar vertrek gaf ik Tara een compliment over haar Adidassneakers met koningsblauwe borduursels en groenblauwe blaadjes. De week erop stuurde ze me die sneakers in mijn maat. Ik had niet verwacht dat ik cool genoeg was om ze te kunnen dragen, zoals Tara, maar zoals ik haar in mijn volgende bedankje schreef: *Oké, deze schoenen zijn serieus nu al mijn favoriet. Sinds ik ze heb, heb ik ze*

denk ik een derde of zelfs de helft van de tijd gedragen. Ze zijn zo comfy, leuk, chic – perfect voor een werkende moeder in Brooklyn. Dit was echt een bijzonder, onverwacht cadeau & ik ben er weg van. Zo blij dat we contact hebben. Hoop dat ik je snel weer zie in ps of nyc. Doe tot die tijd de groetjes aan je wafels!

Vrijgevigheid leidt tot dankbaarheid, wat leidt tot vrijgevigheid.

Heel veel mensen hebben het heel vaak moeilijk

Je eerste liefde vergeet je nooit, en voor Jake en mij was dat Little Giant. De zomer van 2005 staat in mijn geheugen gegrift. Ik had net ontslag genomen bij mijn eerste echte baan (bij *O, The Oprah Magazine*) en ik vond het superspannend dat ik geen assistent meer was. Ik was 25 en een volwaardig redacteur – en dan ook nog bij een foodpublicatie: ik stond aan de wieg van het tijdschrift van Rachael Ray, samen met een klein sterrenteam van mensen die vrienden voor het leven zouden worden. Sara, bijvoorbeeld, met wie ik sinds dit jaar weer contact had, en Nick Fauchald. Toen ik op een middag aan het bedenken was waar ik met vrienden uit eten zou gaan, liet Nick me het menu van Little Giant zien, dat vol stond met zomerse producten (denk: boterbonen, gepekelde watermeloenschil). We gingen erheen en ik voelde me gelijk thuis. Het was er klein, maar niet benauwd, dankzij de luchtige, open ramen die uitkeken op de levendige hoek van Orchard en Broome in de

Lower East Side. Elk bord met gevulde eieren, kippenlevermousse, karnemelk-bieslookbroodjes en sticky-toffeetaart leek wel een stilleven in het daglicht dat door de ramen stroomde, en daarna in het warme kaarslicht terwijl de zon onderging. Geen van de gerechten overleefde het langer dan een paar minuten; we vóchten zowat om de kruimels. De sfeer was vrolijk en levendig, wat helemaal bij mijn bui paste.

De terugweg naar de Upper West Side duurde bijna een uur, maar dat weerhield Jake en mij er niet van om die zomer voor het eerst van ons leven stamgasten te worden bij een restaurant. We gaven daar zoveel etentjes. De foto die ik als ansichtkaart naar mijn vriendin Megan had gestuurd en waarop ik had geschreven dat we eruitzagen als American Apparel-modellen? Die was bij Little Giant genomen. Ik nodigde Marie en John er uit (de man van de roséchampagne) en probeerde voor de verandering zelf de rekening eens te betalen. (Niet gelukt.) En Jake en ik bleven altijd zo lang hangen dat we Julie Wallach in haar witte chefskleren uit de kleine keuken zagen komen om de gasten te begroeten.

Ik mis Little Giant alsof het een mens is, schreef ik aan Julie. *Dank*

je wel dat je zo'n warme en bijzondere plek hebt opgebouwd, en voor je gastvrijheid en het mooie en doordachte eten dat je kookte. Het menu van Little Giant heeft mijn eigen kookstijl veranderd: ik probeer altijd iets van die magie te vangen. Jake en ik zullen nooit vergeten dat je een broodje in de vorm van een VI voor ons maakte toen we zes jaar samen waren. Daar hebben we het nog elk jaar over. Dank je wel. We missen Little Giant en we missen JOU.

Julie antwoordde per mail: 'Ik geloof niet dat ik ooit zo'n ontroerende brief heb gekregen. Zomaar uit het niks – ongelooflijk attent. En zo welkom ook, precies nu ik aan het worstelen ben met mijn werk. Je brief was een fantastische reminder dat terugkijken een goeie reden kan zijn om vooruit te gaan.' Niet veel later kondigde ze aan dat Tipsy Parson, het restaurant in Manhattan dat ze al tien jaar runde, zou gaan sluiten.

'Ik was hartstikke gelukkig toen we Little Giant hadden,' vertelde ze me aan de telefoon. 'Daar spraken mensen met elkaar af op een manier waarop we dat nu niet meer lijken te doen; niemand had zijn telefoon op tafel. Tipsy Parson was anders. Ik wilde dezelfde sfeer als bij Little Giant creëren, maar de hele industrie is veranderd.

Ik opende je kaart in een restaurant vlak bij ons huis buiten de stad. Mijn man was jarig, dus we gingen uit lunchen. Ik had een stapel post in mijn tas gegooid en opende de brieven toen mijn man even naar de wc ging. Ik zat op dat moment midden in de verkoop van Tipsy Parson; we woonden nu in de natuur, maar ik voelde me er nog helemaal niet thuis, omdat het restaurant me in de stad hield. Ik had ook last van de ziekte van Lyme, en het was allemaal ontzettend ellendig. Jouw kaart herinnerde me aan hoe gelukkig ik was toen ik Little Giant runde. Elke ochtend ging ik naar de groentemarkt, en daarna stuurde ik eten het restaurant in en zag ik vanuit de open keuken wat de mensen ervan vonden. Die verbondenheid miste ik. Als je in de horeca werkt, doe je dat om gastvrij te zijn.

Dankzij jouw kaart kon ik terugkijken en realiseerde ik me dat ik echt iets heb bijgedragen aan iemands leven. Want op dat moment voelde ik dat totaal niet zo. En dat maakte me dan weer melancholisch: ik dacht aan alle mensen in mijn leven om wie ik geef. Little Giant was geweldig, maar mijn hele leven bestond in die tijd uit werken. Jij en ik hadden goeie vrienden kunnen zijn, maar hoe ouder je wordt, hoe meer je beseft dat tijd het enige is wat je niet terug kunt krijgen – en dan krijg je ook spijt van hoe je je tijd besteed hebt. Ik heb zo'n groot deel van mijn jeugd werkend in een kelder doorgebracht... Ik hoop dat ik dat nu goed kan maken, met Julie 4.0.'

Ongemak is onterecht

Julies antwoord was een van de vele dat jaar waarin iets stond als: 'Ik zit midden in een moeilijke periode, en dit hielp.' Het verraste me dat zoveel mensen het zo vaak moeilijk hebben. En ik denk dat Julie zo open tegen me was, op zo'n intieme manier, omdat ik haar ook zo open had benaderd.

Wat ik deed was niet cóól. Ik stelde mezelf kwetsbaar op en zei in feite gewoon: 'Hoi! Ik weet dat het jaren geleden is, maar weet je nog wie ik ben? Ik herinner me jou wel, en meer dan dat: ik denk constant aan je.' Iemand die ik over het project vertelde zei dat ze er de kriebels van kreeg. 'Is het niet awkward om iemand te bedanken voor iets wat jaren geleden is gebeurd?'

Eh, ja! Bijna al mijn bedankjes waren met verschillende gradaties van lef gepaard gegaan. Voor de winkeleigenaren had ik maar een beetje nodig gehad; voor de verwaterde vriendschappen moest ik mezelf zowat moed indrinken. Elke kaart voelde als een kleine, haalbare uitdaging. Het vergde durf om eerst te zwaaien.

Maar het werd wel makkelijker. De reacties die ik kreeg – dat iemands dag door mij niet meer stuk kon, of dat ik voor een lach had gezorgd – werkten motiverend. En ik ging ervan uit dat de kaarten, hoe willekeurig ook, en hoe ongemakkelijk ik het ook vond om ze op te sturen, goed zouden worden ontvangen. Waar ik níét op had gerekend, was dat ik, door mezelf kwetsbaar op te stellen, anderen de kans gaf om hetzelfde te doen.

Mensen overschatten het ongemak van een oprecht bedankje en ónderschatten de impact ervan. Dat is de conclusie van Amit Kumar, een sociale wetenschapper aan de University of Texas die dankbaarheid onderzoekt. Kumar vroeg vierhonderd deelnemers om een bedankje te schrijven aan iemand die invloed op hun leven had gehad, en onderzocht toen de reactie van de ontvangers – iets wat nog maar amper gedaan was in het dankbaarheidsveld. De meeste onderzoeken gingen over de effecten op degene die de dankbaarheid voelde of uitte, maar Kumar richtte zich op de andere kant.

'Je kriebelige vriendin sneed een superinteressant deel van dit onderwerp aan, want de angst voor ongemak is voor veel mensen een drempel om hun dankbaarheid te uiten,' vertelde Kumar me. 'Ons onderzoek laat zien dat mensen zich buitensporig veel zorgen maken om wat ze moeten zeggen, en of ze wel precies de juiste woorden kunnen vinden om duidelijk te maken wat ze voelen. Maar die zorgen blijken buitenproportioneel. Überhaupt iets zeggen, los van welke woorden je precies kiest, kan al heel erg waardevol zijn.'

Die bewering, zei hij erbij, is geen mening. 'Het is een wetenschappelijk feit. Bedankjes sturen is veel minder ongemakkelijk en heeft veel meer effect dan mensen denken. Misschien helpt dat inzicht ze om over de kriebels heen te stappen.'

Ik vertelde Kumar over Julies reactie en deelde mijn hypothese dat als je een bedankje precies goed timet, en de ontvanger net door een moeilijke periode gaat, het zelfs nóg meer kan betekenen.

'Ik denk dat dat deels waar is, en deels niet waar,' antwoordde Kumar. 'Ik ben natuurlijk een wetenschapper, dus ik kijk vanuit het grotere geheel naar zulke dingen. In dit geval zijn dat honderden gedetailleerde reacties – met maar heel weinig variatie. Vrijwel iedereen in ons onderzoek zei zich heel, maar dan ook echt héél erg goed te voelen na het ontvangen van een bedankkaartje. Julies reactie is dus typisch, niet atypisch. Het enige wat er atypisch aan is, is dat ze je een nauwkeurige beschrijving gaf van hoe ze zich voelde.'

Kumar wees me erop dat ik mijn bedankjes niet opvolgde en de geadresseerden na ontvangst geen vragenlijst liet invullen, zoals hij dat voor zijn onderzoek wel had gedaan. Als ik dat wel zou doen, zei hij, zou ik ontdekken dat mijn bedankjes meer voor anderen betekenden dan ik doorhad.

En daarom bleef ik ermee doorgaan, ondanks de aarzelingen die zo nu en dan in mijn hoofd opborrelden: wat vindt de ontvanger hiervan? Vindt Ruth Reichl me nu een kneus? Eerlijk gezegd kon het me eigenlijk niks schelen wat Ruth Reichl van me vond. Ik hechtte veel meer waarde aan Julie Wallachs mening.

'Dank je wel' zeggen, en dan ook nog op zo'n kwetsbare en open manier, is níét cool. Het is juist warm – ontwapenend warm. En dat is precies wat het zo krachtig maakt.

Terwijl ik mijn laatste eetmaandbedankjes op de post deed (fanmail naar Nigella Lawson en een kaart naar mijn vriendin Teri over haar recept voor pizzadeeg), dacht ik na over de vraag die ik mezelf aan het begin van de maand had gesteld. Was ik dichter bij de eetliefhebber in mezelf gekomen nu ik de mensen had bedankt die verantwoordelijk waren voor mijn favoriete foodherinneringen?

Ik was misschien niet meer de foodie die ik ooit was, maar de kaarten deden me wel inzien dat verandering onvermijdelijk is in de foodwereld. *Gourmet* bestaat niet meer, en *Food & Wine* was naar

Alabama verhuisd nadat zo'n beetje iedereen was ontslagen. Alle vier mijn lievelingsrestaurants in New York zijn inmiddels dicht; Battersby en Prime Meats sloten hun deuren allebei in de maanden nadat ik mijn bedankjes stuurde. Sinds ik geen gluten en zuivel meer eet, heb ik amper gekookt uit Jenny Rosenstrachs kookboek, en Dianes handgeschreven recept voor de perfecte hot cross buns heb ik er ook al tijden niet meer bij gepakt. Zij trouwens ook niet, schreef ze me. Tijdschriften en restaurants zijn net zo vluchtig als eten, maar de smaakherinneringen blijven – en de mensen ook. Zij hebben mijn leven verrijkt, en daardoor zijn ze voor altijd een deel van mij.

Toen ik mijn eetpatroon veranderde en producten schrapte waar ik gek op was, vroegen mijn vrienden zich vol medelijden af of ik wel zou kunnen leven zonder mijn geliefde pasta, brood, kaas en roomijs. Maar de verandering ging verrassend goed, en nu ik erop terugkijk, denk ik dat dat komt door mijn Dankjaar. Ik was dankbaar voor hoeveel lekkerder ik me voelde. Ik was dankbaar voor wat ik nog wél kon eten (tortillachips met Jakes smoky guacamole, Franse frietjes

met mayo). En ik was dankbaar voor elke kom spaghetti carbonara die ik kreeg – voor elke sliert. Waarom vinden we toch dat we recht hebben op iedere eetbare kruimel die er op de planeet te vinden is en denken we niet na over de gevolgen voor ons lijf en het milieu?

Al mijn foodgerelateerde bedankjes brachten me op het idee om een etentje te geven. Een etentje voor mensen uit allerlei delen van mijn leven, voor wie ik een geroosterde kip zou maken met geblakerde aubergine en sperziebonen. Ik gebruikte tahin en ansjovis van Kalustyan's, de wereldsupermarkt op Lexington Avenue, en haalde daar ook ingemaakte citroen en chilisaus van Peruviaanse ajipepers.

Misschien ben ik diep vanbinnen toch nog steeds een foodie.

ZO HERKEN JE LEVENSVERBETERAARS

Misschien haal jij je dagelijkse plezier niet uit eten. Zoek dan uit wat je wél vrolijk maakt.

1. ***Bedenk waaraan je je vrije tijd of extra geld besteedt.*** Als je een tientje op straat vond en het móést uitgeven aan iets niet-noodzakelijks, wat zou je dan kopen? Je hebt een uurtje over en mag niets productiefs of nuttigs gaan doen. Wat ga je doen?
2. ***Vraag jezelf af of er iets is waar je eindeloos over kunt praten.*** Misschien comedy, of mode, of krachttraining, of wijn?
3. ***Bedenk wie de potentiële ontvangers van je bedankjes zijn.*** Misschien hoor je bij een groep mensen die hetzelfde doen? Hoe of waar leer je meer over je passie, en met wie praat je erover? Van wie heb je iets geleerd? Wat deed of zei diegene dat je nooit bent vergeten?

HOODFSTUK ACHT

AUGUSTUS: REIZEN

Hoe kaarten aan horizonverbreders tot een frisse blik kunnen leiden

VERRASSING: reizen leidt tot levenslange vriendschappen.

VOORDEEL: dankbaarheid rekt de napret.

LES: reizen verandert je. Nee, echt.

Toen ik deel uitmaakte van het miniteam rond de lancering van Rachael Rays tijdschrift, vroeg Silvana, mijn leidinggevende, waar ik me op wilde richten als het team straks zou worden uitgebreid. Foodnieuws? Entertainmentreportages? Mijn antwoord had ik al klaar: als het tijdschrift een reisrubriek kreeg, wilde ik die vullen.

Een paar jaar daarvoor, toen ik 23 was en als redactie-assistent bij *O, The Oprah Magazine* werkte, volgde ik een schrijfcursus voor kranten en tijdschriften bij de New School. Op een avond kregen we een gastles van Salma Abdelnour, destijds reisredacteur bij *Food & Wine*, en terwijl ze gedetailleerd vertelde over allerlei spannend foodnieuws uit Zuid-Spanje, vormde zich in mijn hoofd een glasheldere gedachte: ik wil haar baan. En niet zo'n beetje ook. Het was een specifiekere versie van mijn oorspronkelijke doel om net als Ruth Reichl over eten te schrijven. Nu wilde ik zijn als Salma: ik wilde schrijven over foodtrends van over de hele wereld en betaald krijgen om de hipste hotspots te ontdekken.

De reissectie van Rachael Rays nieuwe foodtijdschrift runnen was een stap richting die droom, en het begin van tien glorieuze jaren als reisredacteur en wereldreiziger. Ik schreef over bekende (Austin, New Orleans) en minder bekende (Walla Walla, Washington) Amerikaanse eetbestemmingen en stuurde mijn favoriete schrijvers eropuit om de beste barbecuegerechten en hotdogs van het land te proeven.

Na zeven jaar kreeg ik Salma's baan bij *Food & Wine* – ik kon het bijna niet geloven! – en werden de bestemmingen verder en chiquer: Nieuw-Zeeland, Marrakesh.

Ik kon mijn huidige zelf, de vrouw die tuitbekers afwaste en aan de lopende band SEO-teksten schreef ('Moet je pompoentaart in de koelkast bewaren?'), maar moeilijk rijmen met de globetrotter die conferenties bijwoonde in Londen en Berlijn en beroemde chef-koks aankondigde op foodfestivals in Mexico en Aspen. Ik had zin om terug in de tijd te gaan (bij wijze van spreken) en die luxe, volledig bekostigde tripjes opnieuw te beleven.

Ik weet dat mijn leven van toen voor veel mensen een ver-van-hun-bedshow is, en het is niet mijn bedoeling om hier zielig te gaan zitten doen omdat die tijd erop zit. Ik vond mezelf ook niet zielig; zelfs toen ik er middenin zat, wist ik dat het niet eeuwig kon voortduren.

Als Jake en ik weer eens aan het genieten waren van een of andere schandalige secundaire arbeidsvoorwaarde, citeerde een van ons altijd Gael Greene, die op haar beurt Julia Child citeerde. In Greenes memoires beschrijft ze hoe de vrouwen aan het genieten zijn van een uitgebreide maaltijd waarbij de restauranteigenaren het ene na het andere voortreffelijke gerecht op tafel laten verschijnen. Als Greene zegt dat ze zich er schuldig over voelt, roept Child: 'We moeten er gewoon van genieten! Wie weet hoelang het duurt?'

Maar zolang het duurde, was het een enorm voorrecht om betaald te worden om te reizen en allerlei verschillende gerechten en culturen te ontdekken. Hoe verder ik kwam met mijn 31 kaarten, hoe meer ik inzag dat de erfenis van dat voorrecht niet zozeer te maken had met de luxehotels of de inmiddels allang verlopen airmiles, maar dat mijn jaren als reisredacteur me een mensgerichte benadering van reizen hadden aangeleerd die iedereen zich eigen kan maken. Als ik op reis was, maakte ik er een punt van om met vreemden te praten, en daardoor vond ik dat niet alleen in het dagelijks leven steeds makkelijker, maar ook tijdens deze dankbaarheidsreis.

Reizen leidt tot levenslange vriendschappen

Mijn verwachting van deze maand was dat ik de showreel van mijn vorige leven zou afspelen en heen en weer zou worden geslingerd tussen zwijmelbuien over het huisje aan het meer in Nieuw-Zeeland en jaloezie jegens mijn jongere zelf.

Ik opende een eeuwenoud Word-document met de bestandsnaam 'Plekken waar ik ben geweest' en begon het te annoteren met mensen die elke trip fantastisch hadden gemaakt. Die lijst met vrienden, gidsen en pr-medewerkers deed me denken aan het reisadvies dat ik anderen vaak geef: als je tips zoekt voor je bestemming, vraag jezelf dan niet af waar je heen wilt, maar wie je wilt ontmoeten. Een aardige local is meer waard dan alle reisgidsen en reisblogs en dubbeldekkertours bij elkaar.

Voor *Rachael Ray Every Day* schreef ik een keer een verhaal over New Orleans, waarvoor twee pr-medewerkers, Kristian en Simone, me op sleeptouw namen. Normaal gesproken ben ik sceptisch over tips van pr-mensen, omdat ik weet dat ze me iets willen verkopen, maar Kristian en Simone woonden allebei in New Orleans, wat in de eerste plaats betekende dat ze ontzettend gastvrij waren. Kristian, die in het toerismebestuur zat, nodigde me bij hem thuis uit voor een rivierkreeftenfeestje, en restaurantmarketeer Simone nam me mee naar haar vaste vrijdagmiddaglunch met haar jeugdvriendin bij Galatoire's (een restaurant waar ze niet voor werkte). Ik viel als een blok voor de sazerac-cocktails, de gegrilde golfoesters in chilisaus en de vrolijke parades die de stad typeren, maar bovenal viel ik voor de mensen.

Lieve Emery & Kristian, schreef ik; Emery was zijn vrouw. *Ik dacht net aan mijn trip naar NOLA, jaren geleden, en aan hoe ontzettend warm en gul jullie me verwelkomden in jullie leven – van rivierkreeften bij jullie thuis tot de Jazz Fest-tour.* En aan Simone schreef ik: *Ik dacht net aan mijn trip naar NOLA, jaren geleden, en aan hoe aardig het van je was dat je me die heerlijke stad van binnenuit liet zien. De ontmoeting met Dr. John bij Galatoire's was 100% onvergetelijk.*

Naar een reisconferentie in Berlijn had ik Brigitte meegenomen, mijn zus, en we hadden afgesproken met Gisela Williams, die regelmatig voor *Food & Wine* schreef. Na een avond bij het haardvuur van een onmogelijk schattig restaurant in de niet-toeristische wijk waar ze woonde, stelde Gisela ons voor aan haar vrienden Sharmaine en Alonso. Die gidsten ons even later langs een enorme zigzagrij een openingsfeestje binnen van een doolhofclub die trilde van de techno, en de avond erop dronken we samen wijn tot vier uur 's nachts.

Lieve Gisela, schreef ik. *Je was zo gul met je tijd & introducties (Alonso, Sharmaine). Daarmee bracht je de stad tot leven zoals alleen een local dat kan, en maakte je dat ik er verliefd op werd.* Aan Alonso schreef ik: *Je nam mijn zus en mij onder je hoede: kreeg ons binnen bij de coolste club, stelde ons voor aan Sharmaine, dronk & kletste & at de hele nacht met ons.* En aan Sharmaine: *Ik moest net denken aan jou en onze korte maar krachtige tijd samen in Berlijn, Londen & NYC. Ik ben dankbaar voor onze vriendschap en kijk uit naar de volgende keer dat we samen kunnen zitten & praten & lachen.*

Voorafgaand aan een reis naar Austin, waar ik een grote reportage over schreef voor *Rachael Ray Every Day*, had ik geen gids geregeld – maar ik vond er toch een. Op een van de avonden was de verleiding groot om in mijn chille hotel te blijven, het San José, en *The Last Picture Show* te lenen uit de dvd-collectie van het hotel, maar in plaats daarvan schoof ik mijn voeten in de Lucchese-cowboylaarzen die ik net had aangeschaft en besloot naar South Congress Avenue te gaan. Ik genoot net van een kommetje *queso* bij Güero's Taco Bar toen een aardig ogende man naast me kwam zitten en zei dat hij Russ heette. We raakten aan de praat en niet veel later nodigde hij me uit voor een optreden van Austin-legende Dan Dyer, even verderop.

Dat is de paradox: door alleen te reizen stel je jezelf open voor anderen. En dan niet alleen in de vorm van ontmoetingen en beleefdheden, maar ook in de vorm van vriendschap. In de vijftien jaar sinds Russ en ik met onze laarzen meetikten op de muziek van Dan Dyer hebben we elkaar nog een paar keer gezien: in Texas en New York en Massachusetts, waar hij naartoe kwam voor mijn bruiloft.

Ik moest net denken aan onze eerste ontmoeting, schreef ik aan Russ. *Zo lief dat je een meisje zag dat niet op haar gemak was en dat je vriendschap met haar sloot. Je bent echt bijzonder: warm, open, vrijgevig. Dank je wel dat je me Austin al die jaren geleden liet zien – en dank je wel voor al je warmte & liefde & vriendschap daarna!*

Voor de volledigheid: dit waren allemaal maar korte tripjes. Ik had hooguit een paar uur doorgebracht met Emery, Kristian, Gisela, Alonso, Sharmaine en Russ, en toch waren we nu, meer dan tien jaar later, nog steeds bevriend. Dat deed me denken aan mijn gesprek met Gillian Sandstrom, die ik in mijn burenmaand sprak over haar onderzoek naar zwakke relaties. Sandstrom vertelde toen dat ze van dat onderzoek was afgestapt en zich nu richtte op de angst om met vreemden te praten. 'Ik probeer te begrijpen waar mensen precies bang voor zijn,' had ze gezegd. 'Mensen willen meestal liever niet met vreemden praten, maar waarom niet? Wat denken ze dat er gaat gebeuren?'

Ik vertelde haar dat die weerstand wel iets weghad van het feit dat veel mensen de kriebels krijgen van het idee om iemand een willekeurig bedankje te sturen. De weerzin om als eerste te zwaaien. 'Ik denk dat dat inderdaad hetzelfde is als met vreemden praten,' zei ze. 'Bijna iedereen vindt het eng. Maar als je dan tóch een praatje aanknoopt, blijkt meestal dat het helemaal niet zo'n ding is.'

Als je op reis bent, is dat extra waar. Maar hoe komt het eigenlijk dat je op reis zo ontvankelijk bent voor nieuwe vriendschappen? Ik denk dat dat komt doordat je onderweg uit balans bent. Uit je comfortzone, uit je ritme – en dat prikkelt je nieuwsgierigheid naar je nieuwe omgeving. Je maakt intenser en bewuster contact met de wereld om je heen; misschien luister je beter. En misschien kijk je verder dan het oppervlak en kom je daardoor eerder in contact met de interessantere stukken van jezelf.

Maar zo makkelijk als het is om vreemden op reis te ontmoeten, zoveel moeite moet je ervoor doen om die langeafstandsrelaties vervolgens te onderhouden. Daarom nodigde ik Russ uit voor onze bruiloft, liet ik in Londen een halve dag sightseeing schieten om oesters te eten met Sharmaine, en schreef ik hun deze maand allebei een bedankje.

Uiteindelijk verlangde ik deze maand amper terug naar de exorbitante resorts die ik ooit had bezocht. Tuurlijk, ik had het geweldig gevonden om in het Ierse Ballyfin champagne te drinken in een paardenkoets, maar het waren niet de schandalig luxe werktrips die me het meest bij waren gebleven. De trips waarop ik oprecht contact had gemaakt met een local – díé bleken onvergetelijk. En dat kan iedereen, altijd, op elke plek.

Dankbaarheid rekt de napret

Blijvend bevriend raken met iemand is de beste manier om je vakantiegevoel vast te houden. Maar zouden er ook nog andere manieren zijn om de voordelen van het reizen (denk aan: minder stress, een boost van je creativiteit) zo lang mogelijk uit te smeren?

Uit onderzoek is gebleken dat je soms vrolijker wordt van vakantievoorpret dan van de vakantie zelf. Op de University of Surrey ontdekten wetenschappers dat mensen het gelukkigst zijn als ze een vakantie in het vooruitzicht hebben. Ze voelen zich dan beter over hun gezondheid én hun kwaliteit van leven. Amit Kumar, de dankbaarheidsonderzoeker, werkte mee aan een onderzoek dat aantoonde dat we zelfs gelukkiger worden van de voorpret van een reiservaring dan van de voorpret van een nieuwe aankoop.

Je voelt je dus goed als je een tripje plant – al helemaal als je op die trip ook afspreekt met bekenden. Maar hoe zit het met het thuiskomen?

In haar boek *De mythes van geluk* schreef de bekende psycholoog Sonja Lyubomirsky: 'Foto's kunnen ons herinneren aan een prettige of grappige bijzonderheid die we waren vergeten, zoals die leuke ober die met ons flirtte of die keer toen we doorweekt raakten in de stromende regen. Door ons aandachtig te concentreren op elk pleziertje dat we meemaken, bijvoorbeeld als we het hebben over een vakantie van lang geleden (...), beleven we er zelfs nog meer plezier aan. (...) Op die manier kunnen we in gedachten teruggaan naar en genieten van gedenkwaardige ervaringen (...), wat ons tot op de dag van vandaag geluksgevoelens bezorgt.'

Als terugdenken aan leuke momenten ons helpt om ze opnieuw te beleven, dan zouden mijn reisbedankjes weleens een nieuwe betekenis kunnen geven aan het concept van de mentale vakantie. En niet onbelangrijk: de ontvangers konden er ook van profiteren. Ik ontmoette een van mijn beste vriendinnen, Grace, toen we allebei in Florence studeerden, zij het op verschillende scholen. Ik stelde me aan haar voor in een nachtclub, omdat ik haar herkende van de foto's die het vorige semester in mijn kamer hadden gehangen: Grace had op dezelfde middelbare school gezeten als Alison, mijn voormalige huisgenootje. Als ik het eng had gevonden om met vreemden te praten, dan had ik mijn geliefde Grace nooit ontmoet. Aan haar schreef ik: *Ben in een nostalgische bui & denk terug aan onze geweldige reizen van toen we ZO JONG waren & op bars dansten etc. Dank je wel dat je...*

- me meenam naar het uitzinnige Ca'Vendri in Verona;
- elke trip de navigatie verzorgde in het pre-smartphonetijdperk;
- met me meeging naar het vliegveld in Pisa om mijn toekomstige echtgenoot op te halen;
- het beste reismaatje & de beste vriendin was en bent die ik me kan voorstellen. IK HOU VAN JE.

Toen Grace mijn kaart kreeg, zat ze midden in een borstkankerbehandelingstraject (ze is nu in remissie). Haar moeders gezondheid was aan het verslechteren en ze had drie jonge kinderen en twee honden. Ze vertelde me dat ze de kaart een paar weken in de keuken had laten liggen en dat ze elke keer blij werd als ze hem zag, omdat hij haar deed denken aan ons weekend in Verona en onze lange nachten in Florence. Daarna had ze de kaart in een herinneringendoos gedaan, zei ze, waar hij nu ligt te wachten tot hij haar weer een keer blij kan maken.

Deze maand deed me inzien dat een bedankje schrijven de simpelste, meest doeltreffende manier is om je vakantieplezier vast te houden. En een met schaafijs gevulde familievakantie naar Maui (de opbrengst van een barterdeal met een hotel op het eiland) onderstreepte dat alleen maar. Eenmaal thuis schreef ik zes bedankjes. Aan Jen Murphy, mijn voorganger bij *Food & Wine*, die me een lijstje had gestuurd met perfecte Maui-tips: *Ik was constant aan het schakelen tussen je artikelen en het spiekbriefje.* Aan Jens vriendin Amanda, die in de bergen van Maui woont en me tips appte toen ik er was: *Zonder jou waren we niet (twee keer!) naar Mill House en Ululani's geweest. JAMMIE!* En aan mijn jeugdvriend Garrett, die nu een droomleven leidt als visser op het eiland: *MAHALO dat je zo de tijd nam voor mij en mijn familie, en dat je de beste poké van de week voor ons maakte!* Het sneeuwde in Brooklyn, maar door te schrijven over Maui voelde ik de zon zowat.

Ik hoefde die vakantie geen artikel te schrijven, geen panel te modereren, geen adverteerder te paaien. Het was dus prima geweest als ik alleen maar had geluierd bij het Grand Wailea-resort, van de waterglijbanen af was geroetsjt en niet verder dan de toegangspoort was gekomen. Maar ik reis nog steeds als een reisredacteur, en dat betekent dat ik een plek wil zien door de ogen van de mensen die er wonen – dat ik die mensen wil ontmoeten.

De bedankjes hebben een probleem voor me opgelost. Vroeger bedankte ik ook al mensen die mijn reis beter hadden gemaakt, maar dan casual, per mail of sms. Daar hield ik altijd een zeurend gevoel aan over dat het niet genoeg was, en ik weet zeker dat ik ook weleens iemand ben vergéten te bedanken voor een lijst met tips of een reservering bij een restaurant. Een bedankje met specifieke details over hoe de ontvanger mijn reis beter heeft gemaakt, voelt als een veel gepastere erkenning van zijn of haar tijd. En dat ik daardoor langer van mijn vakantievibes kan genieten, is natuurlijk een fijne bonus.

Reizen verandert je. Nee, echt

'Reizen verandert je,' zei de inmiddels overleden, ondraaglijk geweldige Anthony Bourdain. 'Terwijl je door het leven beweegt, en door de wereld, verander je kleine dingen. Je laat sporen achter, hoe miniem ook. In ruil daarvoor laat het leven ook sporen achter op jou, en je reizen doen dat ook.'

Ik ging ervan uit dat mijn reizen invloed hadden gehad op wie ik nu ben, en ik vroeg me af of deze maand me inzicht zou geven in de manier waarop. Ik dacht terug aan gedenkwaardige trips uit mijn kindertijd en bedankte mijn vader en de vader van mijn beste jeugdvriendin voor hun twee compleet verschillende reisstijlen.

Lieve pap, schreef ik. *Ik heb zitten denken aan alle tripjes die we maakten toen ik nog klein was. We sprongen gewoon in de auto zonder plan of reservering, en eindigden in San Diego of Reno of wat jij ook maar bedacht. Dank je wel dat je ons hebt geleerd om te reizen & avonturen te beleven & te genieten van mooie uitzichten & sterrennachten. Nu denk ik natuurlijk aan de keer dat je ons tijdens een heldere nacht uit bed haalde om de prachtige sterren te zien in... waar was het, Yosemite?*

Aan de vader van mijn beste vriendin schreef ik: *Beste meneer Goddard (ik ben bijna 40, maar u blijft altijd meneer Goddard!), ik zat net te denken aan de heerlijke Goddard-vakanties naar Lake Tahoe. Bedankt dat u me zowel thuis als onderweg op mijn gemak stelde & deed alsof ik ook bij de familie hoorde. Ik weet nog dat we allemaal meezongen als u Bob Dylan & John Denver aanzette.*

Mijn vaders lastminutetripjes hadden me geleerd hoe heerlijk avontuur was – en hoe vervelend ik het vond om ergens aan te kloppen zonder reservering. De vakanties met de Goddards waren compleet het tegenovergestelde: zij boekten hun huisje al maanden van tevoren, roosterden elke dag een activiteit in en speelden 's avonds steevast hints, waardoor ik merkte dat een gestructureerd reisschema ook fijn kon zijn. Vanaf de achterbank nam ik beide reisstijlen in me op, en toen ik als volwassene zelf achter het stuur zat, versmolt ik ze tot mijn eigen stijl.

Eén specifieke trip is daar een goed voorbeeld van. Een bevriende schrijver, Veronica Chambers, bood Jake en mij een week aan in haar huurhuis in Parijs. Ik plande ons schema tot op de minuut, maar eenmaal daar gooiden we vrijwel al mijn plannen – inclusief het uitstapje naar een kasteel in het Loiredal – overboord, omdat we het hartstikke naar ons zin hadden in de wijk waar Veronica woonde, de Marais. Jake deed me bovendien een aanzoek voor het ultieme avontuur. *Lieve Veronica,* schreef ik. *Het is bijna 12 jaar geleden sinds onze fantastische week in Parijs, waar we ons verloofden. Zo lief dat je ons je charmante appartement leende terwijl je me nog maar een of twee keer had ontmoet. Het was de perfecte plek voor zo'n sleutelmoment in ons leven; die trip is nog steeds onze favoriete vakantie ooit. Van begin tot eind was het magisch & enorm gedenkwaardig, en dat kwam voor een groot deel door jou.*

Later gaf ik Veronica de opdracht om een essay te schrijven over de keer dat ze haar man verraste met een verjaardagstrip naar Tokio. Ze hadden overnacht in het Park Hyatt, het hotel uit *Lost in Translation*, en Veronica schetste de stad als opwindend én rustgevend. Terwijl ik het artikel redigeerde, zei ik tegen Jake dat ik niet aan kinderen wilde beginnen voordat ik in Japan was geweest.

Twee kinderen later kreeg ik een plekje aangeboden op een kleine persreis naar het iconische Park Hyatt Hotel in Tokio. Hoewel ik er al vaak voor was uitgenodigd, was ik nog nooit meegegaan op een persreis. Ik reisde liever met een specifieke opdracht en zonder verplichtingen om ergens over te schrijven. Maar ja, dit was mijn kans! Niet alleen om eindelijk naar Japan te gaan, maar ook om weer heel even de globetrotter te zijn die ik niet meer was sinds ik weg was bij *Food & Wine*. Jake was bereid om de zorg voor de kids op zich te nemen, dus ik ging bijna huppelend aan boord van het Japan Air-vliegtuig.

Ik racete zo'n beetje door Tokio (ik raad je aan om er meer dan drie dagen voor uit te trekken), maar ik heb nog steeds een levendige herinnering aan de middag die ik doorbracht met Yukari Sakamoto, de Japanse contactpersoon van *Food & Wine* en de schrijver van *Food Sake Toyko. Ik moest net denken aan onze middag samen*, schreef ik haar, *en aan hoe aardig het van je was dat je 1) me je beste Tokio-tips stuurde, 2) me een* depachika-*tour gaf en 3) noedels met me at.* Op de depachika, de eetverdieping, van het Takashimaya-warenhuis, had Yukari me gewezen op minikersentaartjes en andere seizoenstraktaties. De dieproze bloesem van de hortensia, die op dat moment in bloei stond, sierde bijna elk doosje taaie *mochi* en chique gebakjes. Yukari vertelde me dat al die hortensia's de komende weken vervangen zouden worden door andere seizoensdetails, iets wat ik nooit had geweten als ik hier in mijn eentje was geweest. Ik kocht dunne, knapperige rijstcrackers met sojaglazuur in een paarse hoedendoos die bedekt was met precies de roze hortensia die ik eerder die dag voor het eerst had gezien in een botanische tuin. Wat een geluk had Japan, dacht ik bij mezelf, met deze unieke, prachtige bloem.

Twee dagen later trok ik mijn koffer achter me aan over onze stoep in Brooklyn, en ik kon mijn ogen niet geloven. Daar stonden ze: precies die hortensia's, en net zo roze. Het was onze eerste zomer in ons nieuwe huis en we ontdekten elke maand nieuwe bloemen die we nog nooit hadden gezien. Het waren kleine vooruitblikken op de toekomst: de pioenroos die we zouden plukken voor Henry's tiende verjaardagsfeestje, de trosrozen die we zouden verzamelen voor een zomers etentje.

De metafoor was helder: ik hoefde geen trans-Atlantische vlucht te boeken als ik op zoek was naar schoonheid en avontuur. Als je ervoor openstaat, kun je dat gewoon vinden in de dagelijkse details. Reizen verandert je perspectief, maar niet altijd op de manier waarop je dat verwacht.

Ik bekeek de bedankjes die ik deze maand had geschreven en werd overweldigd door een gevoel van dankbaarheid. Voor het geluk dat ik had gehad om zoveel van de wereld te zien, voor de mensen die me geholpen hadden om al dat moois te bewonderen, en voor de vrienden die ik onderweg had ontmoet. Hoewel ik nu niet reisde, wist ik dat ik in de toekomst nog veel meer ongelooflijke trips zou gaan maken – en dus ook nog meer fascinerende mensen zou ontmoeten die mijn kijk op de wereld zouden veranderen.

Ik was ook dankbaar voor de kleine manieren waarop het reizen me had veranderd; vaak kom ik thuis met het voornemen om mezelf een haalbare gewoonte aan te leren. Zet gedichtenbundels binnen handbereik in de boekenkast. Maak een wandeling na het eten. Loop eens een kunstgalerie binnen. Allemaal bescheiden plannen met hetzelfde basisdoel: vertraag. Kijk om je heen. Neem het in je op. Bedankjes schrijven is mijn manier geworden om dat ook echt te doen.

Later in mijn Dankjaar groef mijn moeder een oud dagboek op dat ik bijhield tijdens mijn semester in Florence, toen ik twintig was. Dit is een passage uit het laatste stuk.

> **Jon en ik liepen langs de rivier naar huis en stopten op mijn favoriete plekje om naar de Ponte Vecchio te kijken. We praatten aan één stuk door over Florence: dat we misschien wel meer 'onszelf' zijn dan ooit tevoren en ooit hierna, omdat we geen academische afleiding hebben, amper problemen hebben met vrienden/familie/jongens en eigenlijk alleen maar hoeven na te denken over deze stad en de andere steden die we hebben bezocht.**

Je bent inderdaad het meest jezelf als je op reis bent. Dus misschien is het niet eens de plek waar je bent die voor verandering zorgt, maar zijn het de ontmoetingen met je ware zelf die dat teweegbrengen.

ZO SCHRIJF JE POST-VAKANTIEBEDANKJES

1. ***Vraag tips aan mensen die je vertrouwt.*** Als je bij thuiskomst iemand wilt kunnen bedanken, zul je om een paar gunsten moeten vragen. Je kunt vrienden benaderen die al eens op de bestemming zijn geweest, maar een local is nog beter; die kun je vinden via sociale media. Beschrijf zo specifiek mogelijk wat je zoekt: een betaalbaar, centraal gelegen hotel, een goed restaurant in de buurt van het theater, enzovoorts.

2. ***Maak een afspraak met een local.*** Dat kan iemand zijn met wie je bent opgegroeid, of een vriend van een vriend. Misschien vind je het ongemakkelijk om een afspraak te maken met iemand die je niet goed kent, maar stel je eens voor wat eruit voort kan komen! Je kunt de beste steak van de stad ontdekken, of een vriend voor het leven leren kennen. En de meeste mensen vinden het heerlijk om hun stad aan anderen te laten zien.

3. ***Praat met iedereen*** – de taxichauffeur, de ober, degene die achter je staat in de rij. Stel ze specifieke vragen: waar lunchen ze graag in de buurt? Hebben ze een favoriete pizzeria? Welk museum mag je niet missen?

4. ***Wissel e-mailadressen uit.*** Als je een klik hebt met iemand, schrijf zijn of haar contactgegevens dan op.

5. ***Schrijf bedankjes als je thuis bent.*** Dat hoeft echt niet meteen; zelfs als je jaren later schrijft, wordt je kaartje gewaardeerd. Deel gedetailleerde herinneringen aan de tijd die jullie samen hebben doorgebracht en vertel wat dat voor jou betekende.

HOOFDSTUK NEGEN

SEPTEMBER: CARRIÈRE

Hoe kaarten aan mentors je meer zelfvertrouwen kunnen geven

VOORDEEL: dankbaarheid is de meest authentieke vorm van netwerken.

LES: een bedankje verjaart niet.

VERRASSING: contact met een vroegere mentor kan leiden tot een onverwachte carrièreswitch.

Vijftien jaar lang beklom ik de glossy ladder van mijn tijdschriftencarrière. De arbeidsvoorwaarden waren top: reizen, openingsfeestjes van restaurants, beautysales waar Chanel-make-up werd verkocht voor één dollar... Maar het allerleukste aan mijn werk vond ik de samenwerking met belachelijk getalenteerde schrijvers, artdirectors, uitgevers en mederedacteuren rond een product waar we allemaal ontzettend gek op waren.

Die samenwerking was wat ik het meest miste sinds mijn vertrek bij *Food & Wine*. Na twee ontslagrondes te hebben overleefd vloog ik er bij de derde ronde alsnog uit, en terwijl ik de draaideur uit liep richting het felle zonlicht op Sixth Avenue, met in mijn armen een serveerschaal die te breekbaar was om naar mijn huis te laten koerieren, dacht ik terug aan de eerste keer dat ik door die draaideur liep, bijna duizelig van het besef dat ik eindelijk mijn droombaan had bemachtigd. Wat was nu mijn nieuwe droom?

Drie jaar later probeerde ik die vraag nog steeds te beantwoorden. Eigen baas zijn – dat klonk toch wat serieuzer dan 'freelancen' – had weliswaar het grote vrijheidsvoordeel, maar er waren ook een hoop nadelen. Met stip op één: er was geen ladder meer. Ik was op mezelf aangewezen, spartelend, constant op zoek naar een nieuwe opdracht in een branche waar schrijvers allang niet meer goed betaald werden voor een reportage of redactieklus. Er waren successen, in de vorm van grote opdrachtgevers als Boll & Branch en het stylish nachokookboek dat ik schreef, maar er waren ook dompers, zoals mijn salaris van het voorgaande jaar, dat maar een derde van mijn tijdschriftsalaris bedroeg.

Tijdens de voorbereiding voor mijn volgende dankmaand schreef ik het woord *Carrièrementors* boven aan een lege pagina, waar mijn nekharen rechtovereind van gingen staan. Had ik nog wel een carrière?

Dankbaarheid is de meest authentieke vorm van netwerken

Ik had verwacht dat ik aardig out of the box zou moeten denken om genoeg mentors te verzamelen voor de hele maand. Sommige van mijn tijdschriftvrienden waren om de twee jaar van baan gewisseld en hadden daardoor een heleboel leidinggevenden gehad, maar ik had in vijftien jaar maar voor drie bazen gewerkt, en inclusief stages alsnog voor maar vijf. En nu was ik natuurlijk mijn eigen baas.

Ik pakte mijn cv erbij en begon onderaan, bij de stages. Ik dacht terug aan elk kantoor en schreef op van wie ik iets had geleerd. Tot mijn verbazing was het papier gauw gevuld. Dat was de eerste verrassing van de maand: hoeveel mensen me hadden geholpen om te komen waar ik nu was, ongeacht mijn gemengde gevoelens over mijn huidige positie.

Een van mijn eerste en beste mentors was Frank Lalli, de *George-*

redacteur die me betrok bij de lancering van Rachael Rays tijdschrift en die sindsdien een klankbord en vertrouweling voor me was geweest. Ik keek naar de lege kaart en dacht na over alle manieren waarop hij me door de jaren heen zijn tijd en adviezen had gegeven. Het waren er zóveel dat ik mijn niet-proefschrijven-regel nog een keer besloot te verbreken, een post-it pakte en een ruwe tijdlijn neerpende van alle keren dat hij me had geholpen.

Die post-it deed me inzien dat ik het deze maand anders moest aanpakken. Als je een buur of een dokter schrijft, kun je met twee of drie oprechte zinnen precies de kern raken. Maar met mijn mentors wilde ik meer delen: waarom ik ze juist nu schreef (vaak wel tien jaar nadat we samen op kantoor hadden gezeten), wat ik me herinnerde van onze tijd samen, hoe ze me hadden veranderd. Deze bedankjes zouden meer op brieven lijken, en sommige moest ik proefschrijven. Ze zouden me dus meer tijd kosten dan vier of vijf minuten per stuk, maar ik kwam er al snel achter dat ik die tijd en moeite ook weer dubbel en dwars terug zou krijgen.

Ik begon met mijn bedankje aan Frank, het platonische ideaal van een mentor, en gebruikte die kaart als template voor bijna alle anderen: *Ik heb de laatste tijd veel nagedacht over mijn tijdschriftencarrière...* En dan werd ik specifiek: *Je gaf me een baan bij* George, *mijn allereerste NYC-stage, en je bracht die zomer enorm veel tijd met me door. Je moedigde me aan om verhalen te schrijven en mijn ideeën te delen. Dat was mijn eerste ervaring met de (toen nog) glinsterende tijdschriftenwereld.* Een paar heel klein geschreven alinea's verder, op de achterkant van de kaart, sloot ik de tekst af met: *Ik kan niet genoeg benadrukken hoe dankbaar ik je ben voor de jaren waarin je me begeleidde. Je bent de beste.*

Al snel zat er een antwoord in mijn inbox. 'Je bent veel te aardig,' schreef Frank. 'Vanuit mijn perspectief: ik zag een extreem intelligent, jong talent met ideeën, principes en energie. Ik gaf je dus zoveel werk als ik kon. Dat doen redacteuren: we scouten jong talent en zijn vervolgens de trotse mentor van de geweldige medewerkers die ze worden. Ik ben ongelooflijk trots op je.'

Dat was de eerste van véél mentorreacties die mijn zelfvertrouwen een hoognodige boost gaven. En hoewel ik de hele dag alleen achter de computer zit, realiseerde ik me daardoor ook dat ik niet alleen ben.

Aan mijn allereerste leidinggevende in de tijdschriftenwereld, Lia Haberman, die me een stage gaf in Zuid-Californië bij het inmiddels ter ziele gegane tienertijdschrift MXG, schreef ik: *Ik ben je zo dankbaar voor de kans die je me gaf om te schrijven; voor de tijd die je nam om me uit te leggen hoe een tijdschrift gemaakt wordt; voor hoe cool je NYC liet klinken. Dank je wel dat je zo lief was voor dat 20-jarige strandmeisje.* Ze stuurde me een berichtje: 'Je bedankje betekende meer voor me dan je denkt en kwam op een moment waarop ik echt wat positieve feedback nodig had.' Dat deed me denken aan de les die mijn eetmaand me leerde: dat heel veel mensen het heel vaak moeilijk hebben. En tijdschriftmensen lopen extra veel kans om in een neerwaartse spiraal te komen.

Daarover gesproken… Ik keek naar de bovenkant van mijn cv, naar *Food & Wine*, en dacht aan mijn mentors daar. Dana Cowin lag voor de hand, de voormalige hoofdredacteur die me had aangenomen. Maar ze had me ook ontslagen, en ik kon mezelf er niet toe brengen om haar daarvoor te bedanken. Dat was nog te vers. In plaats daarvan bedankte ik twee voormalige *Food & Wine*-collega's en Salma, die me op het idee bracht om reisredacteur te worden. Daarna ging ik gauw verder met de rest van mijn cv.

Ik bedankte vijf collega's van *Rachael Ray Every Day*, en gaandeweg herinnerde ik me allerlei specifieke eigenschappen die ik bewonderde en nog steeds probeer na te streven. Aan Rachael Ray zelf schreef ik:

Iedereen die jou kent, beschrijft je als een slimme, harde werker. Ik vond het geweldig om zelf te kunnen zien hoe waar dat is. Aan Bonnie Kintzer, nu CEO maar destijds de onderdirecteur die altijd iedereen voor zich won, schreef ik: *Ik herinner me nog dat ik je een keer een moeilijk telefoontje hoorde plegen met [naam]. Je wond er totaal geen doekjes om en ik weet nog dat ik dacht: Bonnie is zó stoer. Ik probeer altijd een beetje jou te zijn als ik zelfverzekerd, onbevreesd, bekwaam en slim wil overkomen.* Aan Courtenay Smith, de hoofdredacteur die altijd kalm bleef onder druk, schreef ik: *Je was altijd zo onverstoorbaar. Je hebt me weleens verteld dat je veel mediteerde, en dat verklaarde een hoop. Het was een rare periode bij het tijdschrift, met veel stress en veel te verliezen, maar jij was een baken van gezond verstand en rust.* Aan Theresa O'Rourke, Courtenays hilarische en scherpe voorganger, schreef ik: *Je gaf me vertrouwen in mijn eigen stem en skills. Dankzij jou was het een feestje om naar kantoor te komen.* En aan de getalenteerde en ijverige Maile Carpenter, de hoofdredacteur die het tijdschrift oprichtte, schreef ik: *Ik bewonderde je besluitvaardigheid en merkte door jou hoe belangrijk die eigenschap is als leidinggevende. Je hebt me enorm veel geleerd over schrijven over eten, en over hoe je een verhaal zo leuk mogelijk vertelt.*

Ik had alle lessen van deze vrouwen in me opgenomen, en hoewel ik nu niet aan het hoofd van een tijdschrift sta, zoals ik ooit had gehoopt, put ik nog steeds uit hun talenten.

Maile, die nu hoofdredacteur was van *Food Network Magazine*, mailde me: 'Ik kreeg net je kaart en mijn dag/week/jaar kan niet meer stuk. Echt. Wat geweldig om zo'n brief tussen de post te vinden, en het gevoel is wederzijds. Wat een fantastische tijd was dat!' We spraken de week erop af bij de Pearl Oyster Bar, en later schreef ze over onze maaltijd in 'The Grub Street Diet', een rubriek in *New York Magazine* waarin bekende mensen een week lang bijhouden wat ze eten. 'We kozen een klein tafeltje bij het raam' schreef ze, 'aten ieder een kom New England-chowder en deelden een *lobster roll* en een berg dunne frietjes, en we praatten over de goeie ouwe tijd in de uitgeefwereld. Op zulke avonden voelt het alsof ik mijn hele leven al in New York woon, en ik wil er nooit meer weg.'

Nu kwam ik bij *O, The Oprah Magazine*, mijn eerste fulltimebaan. Het verbaasde me hoeveel mentors uit die tijd ik op de lijst zette: acht, meer dan bij welke publicatie dan ook. Het was al heel lang geleden – pre-kinderen, -huwelijk en -smartphone – en ik was er niet eens redacteur geweest; alleen maar een bescheiden assistent. Maar ik ontdekte door de bedankjes dat mijn jaren bij *O* echt vormend waren geweest. En ik zag zelfs een direct verband tussen die baan en dit project.

Misschien is het onmogelijk om bijna vier jaar lang omringd te worden door Oprahs positieve boodschap, die je op het hart drukt om alles uit je leven te halen en uit te vogelen wat je zeker weet, en daar níét door beïnvloed te worden.

Dat schreef ik dus ook aan Oprah zelf, die wij altijd mevrouw Winfrey noemden. *Ik werd elke dag omringd door je unieke, positieve & soulvolle boodschap. Ik weet nog dat je ons op een conventie aanspoorde om te 'luisteren naar de fluisteringen', en dat heb ik sindsdien altijd geprobeerd. Bedankt dat je me op een etentje trakteerde bij het Four Seasons, en dat je me op je verjaardag invloog naar Chicago. Serieus, wat een verwennerij.* Aan haar beste vriendin, de getalenteerde journalist Gayle King, schreef ik: *Je behandelde iedereen op kantoor hetzelfde, wat ik ontzettend knap vond.*

En je nam altijd de tijd om met een lach gedag te zeggen – zelfs jaren na mijn vertrek nog, toen ik je in de kantine tegenkwam.

Mijn eerste twee directe leidinggevenden waren in elk opzicht elkaars tegenpolen. Aan de warme, grappige, makkelijk tevreden te stellen Lisa Kogan schreef ik: *Wat een (enorm!) geluk had ik, een 21-jarige newbie in de stad, dat ik jou als baas kreeg. Ik vond het te gek dat je me goeie restaurants en kappers tipte, en dat je me je recept voor vaatwasserzalm gaf. Je fleurde het kantoor op met je plezier & levenslust & geklaag.*

Lisa leerde me klagen nadat ze me op een maandagochtend had gevraagd hoe mijn weekend was geweest. 'Top!' had ik gepiept. 'Nou ja, zaterdagavond had ik een voedselvergiftiging. Maar los daarvan was het top.' Ze staarde me aan vanaf haar rommelige bureau. 'Stop,' zei ze. 'Begin opnieuw. En zeg me na: "Ik had een vreselijk weekend. Ik had een voedselvergiftiging."'

Aan mijn andere leidinggevende, de strengere, sneller geërgerde Mary, die ik best wel eng vond maar uiteindelijk wel voor me wist te winnen (denk ik?), schreef ik: *Toen ik als 21-jarige newbie bij jullie kwam werken, was ik echt nog een groentje – ik wist niks. Ik ben blij dat je me niet hebt ontslagen! Je was voor mij een rolmodel op het gebied van hard werken en verantwoordelijkheid, en ik heb je voorbeeld altijd geprobeerd te volgen.*

Aan Catherine Kelley, de voormalige executive, schreef ik: *Ik zal nooit vergeten hoe ik in mijn nieuwe, lege Herald Square-appartement (ha) stond toen mijn Nokia afging. Je bood me heel blij mijn eerste fulltimebaan aan. Ik geloof dat ik begon te gillen.* En aan de toenmalige hoofdredacteur, Amy Gross, schreef ik: *Dank je wel dat je mijn essay over hoe het is om 24 te zijn las & waardeerde & publiceerde. Dat was een hoogtepunt in mijn carrière.*

Ik herinnerde me nog precies hoe het was om dat stuk te schrijven.

Eerst las ik de essays die schrijvers van allerlei leeftijden hadden geschreven voor het themanummer over leeftijd; daarna interviewde ik die schrijvers voor de korte biootjes op de pagina over de makers van dit nummer (onder wie de geweldige Anne Lamott); vervolgens dook ik een weekend lang onder in mijn studio om het twintigersperspectief op papier te zetten dat voor mijn gevoel nog ontbrak; en maandagochtend vroeg stuurde ik Amy de ongevraagde eerste versie daarvan. Van het essay zelf herinnerde ik me alleen niet veel meer, aangezien de publicatie inmiddels al meer dan twaalf jaar geleden was. Ik groef het tijdschrift op uit mijn kast en herlas het. Grappig genoeg ging het ook over bedankjes.

> **Nu ik mijn diploma twee jaar op zak heb, denk ik dat mijn eindexamen de weg vrijmaakte voor mijn afstuderen, en dat mijn afstuderen de weg weer vrijmaakte voor de échte uitdaging. Dit is wat ik onderweg heb geleerd: ambitie is niet genoeg. Voor succes moet ik heel, heel, heel hard werken. Fouten hebben gevolgen, en mijn vaste terugvalzinnetjes, zoals 'ik was het vergeten', tellen niet meer als argument. (Geen smoesjes.) Aardig zijn is veel belangrijker dan interessant zijn. Een sterke vrouw kan beter tactvol eerlijk zijn dan beledigend bot. (Let op je woorden.) Het is belangrijk om oog te hebben voor wat mensen nodig hebben, om terug te bellen, betrouwbaar te zijn en mijn waardering uit te spreken voor alle liefde die ik krijg. (Stuur een bedankje.)**

Wat zou dat meisje van 24 van mijn huidige leven vinden? Ze zou waarschijnlijk blij zijn dat haar gezinsleven op orde was, dat ze getrouwd was met de studieliefde die haar aan het lachen maakte, dat ze twee kleine jongens hadden. Maar wat betreft mijn carrière...

Ze zou eerst een update moeten krijgen over de huidige tijdschriftenwereld. Ze moest weten dat stagiairs geen overdadige afscheidsfeestjes meer krijgen in sushirestaurants, zoals zij in 2000. Dat niet iedere redacteur een toegewijde assistent meer heeft – dat de meeste tijdschriften zelfs niet meer dan één assistent hebben. Dat veel van haar favoriete bladen niet meer bestaan. En dat schrijvers minder betaald krijgen dan de twee dollar per woord waar zij zich in 2003 hard voor had gemaakt bij *O, The Oprah Magazine*. Als ze dat allemaal wist, zou ze mijn exit denk ik wel begrijpen. Maar ze zou wel teleurgesteld zijn dat ik nooit de roman had geschreven waarover ze opschepte in haar bio. Ik denk niet dat ze fan zou zijn van sommige van de opdrachten die ik aannam, zoals de SEO-artikelen over de vraag of pompoentaart nou in de koelkast moet of niet. En ik denk ook dat de optimist in haar me zou aanmoedigen om te blijven proberen om iets groters, diepers, beters te schrijven.

De bedankjes aan mijn mentors leverden duidelijke en directe voordelen op, misschien nog wel meer dan alle andere maanden tot nu toe. Er waren gesprekken op gang gekomen, niet alleen met mijn vierentwintigjarige zelf, maar ook met vroegere leidinggevenden en collega's. Ik had per ongeluk een ontzettend authentieke en vriendelijke vorm van netwerken ontdekt. Waarom deden niet meer mensen dit?

Zou het soms komen door – en volgens mij ben ik hier een patroon op het spoor – onze angst voor ongemak?

Een bedankje verjaart niet

In mijn eetmaand had ik geworsteld met de kriebels die je krijgt als je iemand een kaart stuurt die je al jaren niet hebt gezien. Die kriebels waren er ook nu ik bedankjes schreef aan ongelooflijk drukke, succesvolle mensen – CEO's, televisiesterren. Zouden ze het niet raar vinden dat ik het had over dingen die al zo lang geleden waren gebeurd?

Als je je verdiept in de officiële bedankjesetiquette, zul je zien dat regel één vrijwel altijd over timing gaat. Je moet de kaarten idealiter binnen een week of twee versturen, en uiterlijk binnen een maand. Voor een rechttoe, rechtaan bedankt-voor-het-cadeau-kaartje snap ik dat, en ook voor een iets formeler bedankt-voor-het-interview-kaartje. Maar nu ik negen maanden onderweg was, begreep ik dat de regels voor die transactionele bedankjes niet van toepassing waren op mijn duurzamere uitingen van dankbaarheid. Sterker nog, dat soort bedankjes worden waardevoller met vertraging.

'Je kaartje viel me op omdat het zo compleet uit de lucht kwam vallen,' zei Chandra Turner, een carrièrecoach en de oprichter van medianetwerkwebsite Ed2010. Aan haar had ik geschreven: *Je hebt ontzettend veel moeite gedaan om mensen in ons vak te helpen en ze met elkaar te verbinden. En dat deed je niet alleen toen het vak in bloei stond, maar ook toen het verzoop.*

Omdat Chandra zoveel mensen aan een nieuwe baan helpt, heeft ze een 'gigantische mand vol bedankjes', vertelde ze. 'Maar niemand geeft me jaren later nog een update.'

Volgens organisatiepsycholoog en bestsellerauteur Adam Grant is dat een gemiste kans. 'De impact van een mentor is op het moment zelf moeilijk te zien,' zei hij ooit. 'Je ziet het effect pas na verloop van tijd.' In een tweet uit 2018 geeft hij een heel concrete tip: 'Als je goed advies krijgt van een mentor, stuur dan niet alleen de volgende dag een bedankje. Stuur er de volgende maand nog een, of het volgende jaar. De tijd die verstreken is onderstreept hoe diep je dankbaarheid is en maakt een blijvende indruk.'

Een vertraagd bedankje bewijst niet alleen dat je moeder je manieren heeft bijgebracht, het laat vooral zien dat je ook later nog iets hebt gehad aan de waardevolle woorden en daden van de ontvanger. De vertraging verandert de kaart in een verrassing. Een cadeautje op zich.

Contact met een vroegere mentor kan leiden tot een onverwachte carrièreswitch

Zodra ik alle mentors uit mijn tijdschriftjaren had geschreven, richtte ik me op de voorgaande drie jaar als zelfstandig ondernemer. Ik was mijn eigen baas, ja, maar waren er mensen die me ondersteund hadden?

Ja, die waren er. Aan Nick Fauchald, die ik rond de lancering van Rachael Rays tijdschrift had ontmoet en die een goeie vriend was geworden, schreef ik: *Na het gesprek dat we hadden toen ik ontslagen was bij* F&W *dacht ik voor het eerst: oké, dit kan ik. En toen spoorde je me ook nog eens aan om het kookboek te schrijven dat mijn ouders en iedereen in mijn vroegere woonplaats trots maakte.*

Toen ik mijn vriendin Cara had verteld dat ik geïnteresseerd was in contentmarketing, stelde ze me prompt voor aan haar vriend Rod Kurtz, die me de kneepjes van het vak leerde. *Ik was ontzettend verankerd in het warme bad van de tijdschriftenwereld, en ontzettend geïntimideerd door iets waarvan ik echt dacht dat het mijn vervolgstap moest zijn*, schreef ik Rod. *Maar wat was contentmarketing eigenlijk? En wat was een KPI? Waarom zegt iedereen 'ROI'? Het was enorm aardig van je dat je dat allemaal aan me uit wilde leggen.*

En ik dacht aan mijn vader, die zelf een klein maar succesvol bedrijf had opgebouwd. *Jij bent mijn belangrijkste mentor*, schreef ik. *Toen ik jong was, maakte je toewijding aan de groei van je bedrijf veel indruk op me. Je was altijd op zoek naar leads, waar we ook naartoe gingen, en schreef zelfs telefoonnummers op van vrachtwagens die voorbijzoefden. En je benadrukte altijd hoe belangrijk het is om je eigen baas te zijn en je eigen planning te bepalen. Ik heb heel vaak gedacht aan je advies dat verkopen niet meer is dan een spel met cijfers. Dank je wel dat je die basis gelegd hebt, en dat je me altijd hebt gesteund en in me hebt geloofd.*

Terwijl ik die laatste kaarten schreef, kwamen er meer reacties binnen van mijn tijdschriftenmentors en kreeg ik een beter beeld van hoe zij omgingen met de puinhoop in het vak. Lisa, mijn eerste leidinggevende, werkte nog steeds drie dagen per week bij *O, The Oprah Magazine*, maar ze schreef nu ook boeken en speeches voor celebrity's – als ghostwriter. Ze schreef: 'Maar genoeg over mij... Oké, nog één ding over mij: altijd als ik je naam in mijn inbox zie, voelt het alsof ik een prijs heb gewonnen. En je kaart was serieus een van de liefste dingen die ik het hele jaar heb gekregen. Gina, je hebt me altijd gesteund en ik kan niet in woorden vatten hoeveel het voor me betekent dat je er na al die jaren nog steeds voor me bent.'

Catherine, die me aan de telefoon mijn eerste baan aanbod, was al fan van mijn Dankjaar sinds ik haar er in juli over had verteld. Ik had haar toen om de contactgegevens van Jenny Rosenstrach gevraagd, de kookboekenschrijver met wie ze bevriend was. Catherine was inmiddels onderdirecteur bij Yaddo, een uitwisselingsprogramma voor kunstenaars, en ze nodigde me uit voor een lunch. Onder het genot van een portie sushi vroeg ze zich hardop af of er misschien een

boek school in mijn Dankjaar. Daar had ik ook al aan gedacht, maar het voelde vaag, als een luchtkasteel. Nu Catherine het hardop zei, leek het ineens een serieuze optie.

Catherine vroeg ook naar mijn contentmarketingopdrachten. In mijn antwoord gebruikte ik termen als 'B2C' en 'ROI' alsof het de normaalste zaak van de wereld was, en ik realiseerde me dat het tijd was om mijn contentmarketingwerk serieus te nemen. Ik moest de term kunnen uitleggen zonder te grappen dat het klonk als een nepbaan. So what als dat zo was? Dit was nu mijn carrière, dus zo moest ik er ook mee omgaan. Mijn bedrijf had een naam, Penknife

Media, maar nog geen website. Later die dag nam ik contact op met de grafisch ontwerper van wie ik de contactgegevens al maanden op een post-it had staan. Ik vroeg haar een logo voor mijn bedrijf te maken, en daarna een website.

Rond dezelfde tijd kreeg ik een e-mail van Jenny Rosenstrach. Ze bedankte me voor mijn kaart en informeerde naar mijn dankbaarheidsproject, omdat Catherine haar erover had verteld. Ze vroeg of ze er misschien over mocht schrijven voor de blog waar ze voor werkte, Cup of Jo. Jenny interviewde me en schreef een artikel met de titel 'A Year of Magical Thanking'. Net voordat het online kwam, maakte ik een Instagram-account aan voor het project – ironisch, aangezien ik mijn Dankjaar begon om minder te instagrammen – en postte ik foto's van elke stapel kaarten die ik tot nu toe had geschreven.

Zowel het artikel als het Instagram-account leidden tot enthousiaste lezersreacties, en ik begon erop te reageren. Daardoor ontdekte ik het beste en krachtigste voordeel van sociale media: een gelijkgestemde community.

Dat zette me aan het denken: zou deze hobby zich kunnen ontwikkelen tot een nieuwe stap in mijn carrière? Was het een van Oprahs fluisteringen geweest toen ik op 31 januari mijn 31 City Harvest-kaarten had geteld en het idee voor dit project bedacht? Zou het tot meer kunnen leiden dan 365 kaarten? Spoiler: het leidde tot dit boek.

Anderhalf jaar na mijn mentormaand liep ik Dana Cowin tegen het lijf, mijn voormalige leidinggevende bij *Food & Wine*. Ik besloot haar alsnog een bedankje te schrijven. *Ik vond het heel leuk om je een paar weken geleden tegen te komen. Dank je wel voor je enthousiasme over mijn dankbaarheidsproject en boek. Dit bedankje is een jaar of twee te laat: tijdens mijn Dankjaar overwoog ik om je te schrijven, maar ik denk dat ik nog niet helemaal over het ontslag heen was, ondanks de jaren die er al overheen waren gegaan en ondanks de tumultueuze staat van de tijdschriftenbranche in het algemeen. (Wat dat betreft ben ik in goed gezelschap.) Doordat ik je nu weer zag moest ik denken aan alle manieren waarop je me jarenlang hebt gesteund. Ik wil je bedanken omdat je me een baan gaf – mijn #1 droombaan sinds ik Salma als begintwintiger ontmoette. En hoewel het maar drie jaar duurde, ben ik nog steeds nederig & dankbaar voor die kans. Mijn wereld ging open door die baan: ik werkte met belachelijk getalenteerde mensen, zowel op kantoor als wereldwijd, en jouw hoge verwachtingen maakten me een betere journalist, redacteur en schrijver. Bedankt dat je me hielp om te groeien. Bedankt dat je me een shout-out gaf op de redactiepagina – zo cool. Bedankt dat je me ook nog opdrachten voor artikelen gaf ná mijn vertrek en mijn cheerleader bleef. Je was toen een mentor, en dat ben je nog steeds, en ik ben dankbaar van begin tot eind.*

Haar reactie: 'Ik ben zo dankbaar voor de kaart die je me een tijdje geleden stuurde. De eerlijkheid waarmee je zei dat je nog niet over de pijn heen was en de grootmoedigheid waarmee je dat zoveel jaren later opzijzette ontroerden me tot tranen toe. Ik droeg de kaart steeds met me mee, in vliegtuigen/treinen/auto's, in de hoop dat er een vrij moment kwam om je op papier terug te schrijven, maar dat heb ik maar laten varen. Dus hier ben ik. Dank je wel. Echt. Dank je wel. Het was duidelijk dat je ontzettend veel talent had, en ik vond het vreselijk dat ons team zonder jou verder moest. Je had een unieke en waardevolle kijk op zaken. Die personeelsbezuinigingen waren het begin van het einde voor ons. Maar ik vond het heerlijk om te zien hoe je opbloeide, hoe je een bedrijf opbouwde en hoe inspirerend je als leider/moeder/mens bent.'

Ik vind het compleet ongemakkelijk om haar complimenten hier te herhalen, maar ik doe het om te laten zien dat je kapotte relaties – en ego's – kunt helen door je waardering te uiten. Kies bij twijfel altijd voor dankbaarheid.

ZO SCHRIJF JE BEDANKJES AAN MENTORS

Dit is de meest aardige en authentieke vorm van netwerken. Dus waar wacht je nog op?

1. ***Denk na voordat je gaat schrijven.*** Hoewel ik meestal 'uit de losse pols' adviseer voor bedankkaarten, vragen brieven aan mentors (die je waarschijnlijk op meerdere manieren hebben geholpen, en op verschillende momenten in je leven) om wat meer planning. Zoals mijn eigen mentor Susan Chumsky zei: 'Nadenken is het belangrijkste deel van het schrijfproces.'
2. ***Leg uit waarom je schrijft.*** Een korte uitleg over waarom je juist nu contact opneemt, misschien wel jaren later, is een goeie manier om je brief te beginnen. Dit zijn een paar zinnen die ik gebruikte: *Misschien is het omdat ik bijna 40 word, of omdat ik niet meer in de tijdschriftenwereld werk, maar ik heb de laatste tijd veel nagedacht over het begin van mijn carrière – en daarbij dacht ik ook aan jou.* Of: *Ik heb een mijlpaal bereikt, want het is nu vier jaar geleden dat ik voor het laatst in loondienst was, en daardoor moest ik denken aan de mensen die me onderweg hebben geholpen.*
3. ***Vertel hoe de ontvanger je heeft geholpen.*** Het kan een advies zijn dat hij of zij je heeft gegeven, iemand aan wie hij of zij je voorstelde, of het voorbeeld dat hij of zij je gaf. Ook hier geldt weer: hoe specifieker, hoe beter.
4. ***Beschrijf de langetermijnimpact.*** Misschien veranderde de ontvanger de loop van je carrière, of heeft hij of zij iets gezegd waar je nog bijna elke dag aan denkt. Vertaal het toenmalige mentorschap naar je huidige situatie.

HOOFDSTUK TIEN

OKTOBER: BOEKEN

Hoe fanmail je kan helpen om jezelf terug te vinden

VOORDEEL: je idolen schrijven herinnert je aan wie je bent.

VERRASSING: soms schrijven ze terug!

LES: bibliothecarissen en leraren zijn de echte helden.

You should never meet your heroes, zeggen ze in het Engels. Maar je kunt ze wel een brief schrijven.

Mijn boekenmaand zou uitsluitend bestaan uit fanmail aan schrijvers. Voor iemand uit New York, waar iedereen er een punt van maakt om weg te kijken als er een celebrity langsloopt, hem of haar de ruimte te geven en vooral niet te gaan slijmen, was dat geen al te prettig vooruitzicht. Maar in juli had ik er al aan geproefd met mijn allereerste fanmail ooit, en het was lang niet zo awkward als ik dacht om mijn favoriete kookboekenauteurs en culischrijvers te bedanken. Het was niet alsof ik iemand op het vliegveld om een handtekening vroeg; ik zei alleen tegen getalenteerde mensen dat ik ze waardeerde, deelde mijn ervaring met hun werk en bedankte ze ervoor.

Toch was ik bang dat het koud en afstandelijk zou voelen om een maand lang allemaal vreemden te schrijven. En dat het – in vergelijking met de immens persoonlijke contacten die de afgelopen maanden hadden geleid tot nieuwe connecties en het herstel van oude relaties – zelfs ronduit saai zou zijn.

Je idolen schrijven herinnert je aan wie je bent

In oktober trakteerde ik mezelf op een lunch buiten de deur, en aan een fijn tafeltje bij het raam begon ik aan een lijst met mijn favoriete schrijvers. Ik vouwde een bruin servetje open, maar mijn pen bleef erboven hangen. Er doken zóveel namen op in mijn hoofd: Jane Austen, Roberto Bolaño, Toni Morrison, Willa Cather, Edith Wharton, Gabriel García Márquez, Wallace Stevens, Mary Oliver... Maar overduidelijk obstakel nummer één: dode schrijvers konden geen post ontvangen. En het tweede issue was dat ik het blijkbaar hartstikke intimiderend vond om te beslissen wie mijn favoriete schrijvers allertijden waren. Ik wist nu al dat ik hierdoor geobsedeerd zou raken, de lijst constant zou herzien en overpeinzen, en daardoor nooit aan de bedankjes zelf toe zou komen.

Ik overwon het obstakel door de insteek aan te passen. In plaats van *Favoriete schrijvers* schreef ik boven aan het servetje: *Boeken die ik geweldig vond.* Het leek me goed te doen om er daar 31 van te bedenken en de (nog ademende) schrijvers ervan te bedanken. Ik schreef snel, terwijl ik in mijn hoofd bladerde door boeken die ik de afgelopen maanden had gelezen (*Tijdmeters*, *Het literaire aardappelschiltaart genootschap van Guernsey*, *Weg naar huis*, *Leerschool*, *Een klein leven*, *Tussen de wereld en mij*), series waar ik weg van was (*Harry Potter*, *Het gouden kompas*) en favorieten uit mijn kindertijd (*De Babysittersclub*). Ik sprong van genre naar genre, van mysterie (alles van Tana French) naar memoires (*Just kids* van Patti Smith) naar zelfhulp (ik was een early adopter van Marie Kondo).

Toen ik mijn lunch ophad, was de eerste versie klaar. Ik herzag hem nog wel een keer, maar niet drastisch. Ik streepte alleen de

Napolitaanse romans van Elena Ferrante door, en *Het puttertje* van Donna Tartt, omdat van de eerste schrijver de ware identiteit nooit onthuld is en de tweede schrijver erom bekendstaat dat ze een teruggetrokken bestaan leidt.

Zodra de kinderen die avond in bed lagen, schreef ik mijn eerste brief – aan David Mitchell, over zijn boek *Tijdmeters*. Ik probeerde te verwoorden waarom ik het zo geweldig vond. *De snelle plot, de rijke karakters, het fantasierijke uitgangspunt. Ik realiseer me dat ik nu echt klink als een dertien-in-een-dozijnrecensie, maar echt: het was fantastisch om dit boek te lezen.*

Juist. Dat kon beter.

Ik probeerde het nog een keer, nu met het boek dat ik net had uitgelezen: *Het literaire aardappelschiltaart genootschap van Guernsey* van Mary Ann Shaffer. Ik pakte het boek erbij, bladerde het door en probeerde te bedenken waarom ik er zo van had genoten. Ik las het nawoord, waarin stond dat de auteur was overleden voordat ze het boek af had kunnen schrijven, en dat haar nichtje, Annie Barrows, het had afgemaakt.

Beste mevrouw Barrows, schreef ik. *Ik schrijf u om te vertellen hoe weg ik ben van* Het literaire aardappelschiltaart genootschap van Guernsey. *Het was een feestje om te lezen en het is jaren geleden dat ik zo onbezorgd vrolijk werd van een boek. En dat geldt ook voor uw nawoord. Dank u wel dat u uw tante op zo'n heldere manier tot leven hebt gebracht. Ik vond het heel mooi om te lezen over haar bereidwilligheid om door mensen verrast te worden. Ik hoop en denk dat ik ook over die kwaliteit beschik, en dat is mijn beste eigenschap.*

Bij die laatste zin ervoer ik dat tintelende gevoel dat je krijgt als je weet dat je iets goeds schrijft. Ik realiseerde me dat dat de missie voor deze maand moest zijn: mijn fanmail moest persoonlijk zijn. Niet eens zozeer voor de ontvanger, maar vooral voor mezelf. Sommige van deze brieven zouden waarschijnlijk niet verder komen dan een *slushpile* of het kantoor van een literair agent, zelfs als de schrijver in kwestie geen kluizenaar was. Ik bedoel: zou J.K. Rowling mijn kaart te lezen krijgen? Was ik Wisseldrank aan het brouwen in mijn badkamer? Nee! Dus waarom zou ik haar anders schrijven?

Ik heb zoveel mooie momenten te danken aan Harry Potter, schreef ik. *Dit is een bescheiden tijdlijn.* Vervolgens noemde ik het jaar waarin ik voor het eerst haar boeken las (2001) en het jaar waarin ik de hele avond aan de *De Orde van de Feniks* gekluisterd zat terwijl ik eigenlijk dozen moest uitpakken in mijn gloednieuwe studio (2003). *In 2008 gaven mijn zus en ik onze eerste van twee Harry Potlucks, waarbij we alle films die er op dat moment waren afspeelden tussen 7 uur 's ochtends en middernacht. Mensen kwamen de hele dag langs om te kijken en namen onder andere pompoengebakjes en 'Viktor Crumbl' mee.* Ik vertelde over de jaren waarin de audioboeken mijn woon-werkverkeer veraangenaamden, en over die keer dat de Broadwayvoorstelling de basis vormde voor een perfecte dag in New York met mijn zus en beste vrienden. Ik eindigde met: *Dank u wel dat u uw fantasie en talenten met de wereld deelt. Ik heb er eindeloos veel plezier aan beleefd.* Ik voegde bijna nog een laatste punt toe aan de tijdlijn, mijn droom om de boeken ooit aan mijn zoons voor te lezen, maar ik wilde dat decennialange verlangen niet jinxen.

Ik verstuurde de brief naar het adres dat op de website van Scholastic stond, in de wetenschap dat mijn woorden J.K. Rowling nooit zouden bereiken. De brief had zijn doel al gediend: ik had de kans gekregen om mijn band met haar werk te onderzoeken – en om haar werk te eren.

Met die gedachte in mijn achterhoofd werkte ik boek na boek af, terwijl ik ondertussen passages herlas en me afvroeg waarom ik

deze verhalen nou eigenlijk zo mooi vond en wat de boeken met me hadden gedaan. Tijdens het schrijven hield ik vast aan mijn richtlijn: maak het persoonlijk.

Aan Patti Smith, wier naam alleen me al een glimlach bezorgde, schreef ik: Uw boek Just kids is een van mijn schatten. Mijn exemplaar staat bij mijn schoonouders in de Berkshires, en ik pak het er altijd bij als ik een moment voor mezelf heb. Ik vind het heerlijk om een glimp op te vangen van mijn stad voordat het mijn stad was, en ik vind het heel mooi dat het boek eigenlijk een eerbetoon is – aan Robert Mapplethorpe, natuurlijk, en ook aan uw ouders en uzelf. Dank u wel dat u zo hard hebt gewerkt om uw kunst en creativiteit te eren. PS: Ik kon uw lezing bij St. Ann's niet bijwonen omdat mijn kind van vier me smeekte om niet weg te gaan. (Hij was nog aan het wennen aan zijn nieuwe rol als grote broer en daardoor extra aanhankelijk.) Ik hoop dat ik u in de toekomst alsnog eens kan horen spreken.

Ook het volgende boek was non-fictie: *Tussen de wereld en mij*. Aan Ta-Nehisi Coates schreef ik: *Ik weet niet hoe het is om jou te zijn, niet als man en niet als vader. Maar ik heb zelf ook heel veel angsten over mijn kinderen, dus dank je wel dat je over die van jou hebt verteld. Als ze ouder zijn, ga ik je boek voorlezen aan mijn zoons. Dank je wel dat je je kijk op de wereld hebt gedeeld. Dank je wel voor je prachtige zinnen.*

Ik maakte een stapel van de zelfhulpboeken die mijn ouderschap, eetgewoontes en organisatieskills hebben gevormd. Aan Pamela Druckerman, een Amerikaanse expat en moeder in Parijs, schreef ik: *Je boek* Franse kinderen gooien niet met eten *was een frisse wind na de muffe, saaie babyboeken die ik mezelf voorschotelde in het eerste levensjaar van mijn oudste. Ik denk heel vaak aan veel van je adviezen, zoals de tip om je kinderen meerdere kansen te geven om aan een nieuwe smaak te wennen. Mijn man vroeg me ten huwelijk in Parijs, dus ik vond het heel leuk om deze elementen in mijn ouderschap te verwerken.*

Lang geleden, in 2006, voordat 'vrije uitloop' en 'grasgevoerd' waren toegetreden tot het algemeen taalgebruik, schreef Jane Goodall – ja, dé Jane Goodall – *Harvest for Hope*, een vooruitziende gids om bewuster te gaan eten. Aan haar schreef ik: *Bizar om te bedenken dat ik nog maar tien jaar geleden amper nadacht over de herkomst van mijn eten. Terwijl ik bij een foodtijdschrift werkte! Uw boek veranderde mijn koop- en eetgewoontes voorgoed; ik ga elke week naar de markt en plan onze familiemaaltijden rond de groenten en het fruit dat ik daar koop. Bedankt dat u uw tijd zo ver vooruit was en uw standpunt met ons deelde.*

Aan Barbara Kingsolver schreef ik eenzelfde soort kaart, over haar memoires *Animal, Vegetable, Miracle*. Ik vertelde haar dat ik het had gelezen voor mijn inmiddels ontbonden foodboekenclub. *Ik weet niet of alle boekenclubs ophouden te bestaan, maar voor die van mij geldt dat wel!*

Aan Bianca Bosker, de auteur van *Cork Dork*, biechtte ik op dat ik al heel vaak tevergeefs had geprobeerd om goed te worden in wijn. *Ik wilde al jaren over wijn leren; ik volgde cursussen toen ik in het buitenland studeerde, en ook als begintwintiger. Maar het bleef allemaal niet hangen, en daardoor voelde mijn werk bij* Food & Wine, *waar ik omringd was door wijnpro's, ver boven mijn niveau. Van jouw boek heb ik een heleboel opgestoken, en ik vond het nog leuk ook. Het is wel duidelijk dat je er enorm veel tijd in hebt gestoken. Dank je wel!*

Het was vreemd genoeg vrij emotioneel om Marie Kondo een bedankje te schrijven. Ik deed alsof we samen aan de thee zaten met een vertaler tussen ons in, en dat ik haar over mijn Dankjaar vertelde. *Misschien begon het project wel met jouw boek*, schreef ik. *Ik begon met mariekondoën toen mijn zoon anderhalf was en ik net mijn baan kwijt was geraakt. Ik zat in de overgangsperiode van dat eerste jaar als ouder naar een nieuw normaal als moeder, en ondertussen gooide ik mijn carrière om. Jouw methode was louterend, en ik was heel blij met wat er overbleef: items die ik echt koesterde. Nu het eind van mijn bedankjesproject in zicht komt, realiseer ik me dat ik mijn herinneringen net zo heb georganiseerd als mijn spullen – dankzij jou. Ik werk me door de ruis en de rommel heen om mijn meest kostbare mensen en herinneringen te eren, en daardoor eer ik ook mijn eigen leven.*

Ik haalde ook herinneringen op aan het begin van mijn leescarrière. In groep vier las ik voor het eerst een dik boek: *Heidi*, een hardcover met een zacht, marineblauw stofomslag. Ik sloeg de laatste pagina om op mijn Laura Ashley-sprei met roze tulpen, en terwijl ik het boek eerbiedig in mijn handen hield, dacht ik: ik wil ook ooit een boek schrijven. Ik kon me alleen niet voorstellen dat ik ál die woorden op ál die pagina's kon typen, dus ik begon klein, met handgeschreven verhaaltjes in kleine roze notitieboekjes.

Daarna verslond ik boek na boek: *Onder moeders vleugels*, *Island of the Blue Dolphins*, *Matilda*, *De geheime tuin*. In groep zes ontdekte ik *De Babysittersclub*, een serie waar ik geen genoeg van kreeg. Net als een heleboel andere kinderen in het land probeerde ik aan het eind van de jaren tachtig mijn eigen babysittersclub op te richten, samen met mijn vriendin Katy.

Aan Ann M. Martin schreef ik: *Oké. De Babysittersclub was ALLES voor me toen ik 9-10 jaar was. Ik ben nu bijna 40, maar ik weet nog steeds hoe opgewonden ik was als er een nieuw boek uitkwam (dat dan via de post werd bezorgd, want ik bestelde ze via die formulieren aan het eind van het boek!). Ik voelde me fijn bij de boeken. Ik vond het heerlijk om te lezen over de hechte vriendschappen van de meiden, en ik vond het heerlijk hoe slim en ijverig ze waren. Ik herkende mezelf in Inges verlegenheid, Jokes artistieke aanleg en Petra's thuissituatie (haar ouders waren volgens mij gescheiden?). Ik vond lezen altijd al leuk, maar deze serie beklonk de zaak. Bedankt dat u deze wereld bedacht en dat u de boeken schreef.*

Het bleek Betty te zijn die gescheiden ouders had. Maar hoewel sommige details wat troebel waren, waren de gevoelens die ik bij de serie had nog steeds heel helder.

Ik wilde mijn liefde voor lezen doorgeven aan mijn kinderen. Ik wilde dat ze boeken zouden ontdekken waarin ze tot ver na hun bedtijd wilden doorlezen; boeken die iets voor ze zouden betekenen. Daarom, en ook omdat ik constant op zoek was naar manieren om Henry dankbaarheid aan te leren, betrok ik hem bij dit proces. Dat het hem evenveel tijd kostte om elf bedankjes aan zijn favoriete schrijvers te dicteren als dat het mij kostte om er eentje te schrijven, was een fijne bonus.

Soms schrijven ze terug!

Henry zag de uitdaging wel zitten. Zodra ik hem vroeg om zijn lievelingsboeken erbij te pakken, ging hij aan het werk. Ik stuurde hem maar een klein beetje; het Gouden Boekje van *De Leeuwenkoning* haalde ik uit de stapel, en ik wees hem op een paar van mijn favorieten (maar zonder hem te pushen).

We zaten aan de keukentafel en een voor een dicteerde hij zijn schrijversbedankjes (voor- én achternaam, daar stond hij op). Vervolgens zette hij zijn onvaste handtekening eronder, waarnaast ik zijn leeftijd neerpende: vijfenhalf jaar.

'Beste Kadir Nelson,' zei hij. 'Ik hou van jou want ik hou van *Baby Bear* omdat het heel erg mooi is. Ik vind dat je de maan heel mooi hebt geschilderd.'

'Beste Dev Petty, ik hou van jou. En ik hou van *I Don't Want to Be a Frog* omdat ik het varken zo leuk vind en alle andere dingen in het boek. Ik vind het grappig. Het doet me aan kikkers denken. De wolf is een beetje aardig tegen kikkers omdat ze te glibberig zijn.'

'Beste Joshua David Stein, ik hou van *Can I Eat That?* omdat het heel erg grappig is. Ik ken alle woorden uit mijn hoofd. Ik vind het stukje over de zee-egel heel leuk, en ik heb er ook eentje gegeten. Dus daar word ik heel vrolijk van. Ik vond het leuk om zee-egel te eten. Ik heb een vraag: lust je donuts?'

Het laatste boek was het boek waar we het bijna elke dag wel over hebben. Dat legde Henry uit in zijn bedankje: 'Beste Audrey Penn, ik hou van *The Kissing Hand* omdat het me altijd zo vrolijk maakt. Als ik verdrietig ben, word ik blijer. Op school geef ik mijn kleine broertje, mijn moeder en mijn vader een handkusje. En zij geven mij ook een handkusje, zodat ik blij ben op school.'

Zonder dat ik het hem had uitgelegd, begreep Henry wat ik over fanmail had geleerd: het moest persoonlijk zijn. En misschien was

het wel die persoonlijke aard van de berichtjes waardoor sommige schrijvers zich geroepen voelden om te reageren.

Dev Petty stuurde een pakketje terug met een kikkersticker waar hij een hartje op had getekend, vijf boekenleggers met een kikker die zei: 'What am I doing in this book?' en een handgeschreven brief. *Beste Henry, bedankt voor je kaart! Ik ben heel blij dat je hebt genoten van Kikker. Ik vind het leuk om over hem te schrijven want hij is een beetje dom, maar stelt een hoop belangrijke vragen... Net als ik! Ik vind* VARKEN *ook heel leuk, hij maakt me aan het lachen. Veel leesplezier! Je maatje, Dev.*

Audrey Penn van *The Kissing Hand* stuurde een getypte brief terug waarin ze uitlegde hoe haar wasberenmoeder-en-kind-verhaal was ontstaan:

> *Mijn zoon was maar iets jonger dan jij toen we een dagje naar ons favoriete park gingen. Het eerste wat we deden was kaartjes kopen voor de rode tjoeketjoeketrein die door het bos rijdt. Vlak voor het einde van de rit stopte de trein ineens, omdat er een dier aan het uitrusten was op de rails. Ik dacht dat het een hert was, en toen de conducteur ons alleen liet om een boswachter te halen, sloop ik naar de voorkant van de trein om een kijkje te nemen. Tot mijn verrassing was het helemaal geen hert, maar een enorme moederwasbeer. Ik zette een paar passen naar achteren, omdat ik de wasbeer niet bang wilde maken, en ook omdat ze míj een beetje bang maakte. Ik had mijn ogen naar beneden gericht, en toen zag ik het jonkie – later hoorde ik dat het nog maar een maand oud was. Ik zag hoe de moederwasbeer de hand van haar baby pakte, hem opende, zich vooroverboog en de handpalm kuste, om haar geur op zijn hand achter te laten. Daarna legde het jong zijn hand op zijn wang, en even later pakte de miniwasbeer de hand van zijn moeder en gaf haar ook een kushand. Het was echt een magisch moment. Ik hoop dat jij en je familie heel fijne feestdagen hebben en dat jullie elkaar nog lang kushandjes blijven geven. Dank je wel, Henry, voor je ontzettend attente kaartje.*
>
> *Veel knuffels,*
> Audrey Penn
>
> *Bijgevoegd vind je een exemplaar van het boek* Chester Raccoon and the Almost Perfect Sleepover *en een boek over hoe het is om een jonger broertje te hebben:* A Pocket Full of Kisses.

Henry vond de brievenbuscadeaus natuurlijk fantastisch. Hij was muisstil toen ik hem de brief van Audrey Penn voorlas en friemelde niet eens aan zijn nagelriemen of zijn mouwen. Na het voorlezen kuste hij me in het midden van mijn handpalm – dat was een kushandje. Ik vroeg hem hoe hij zich voelde door de brief. 'Ik wil nu nog meer kushandjes doen,' zei hij. 'En ik vind het heel leuk dat we een soort van praten met een paar boekenmensen.'

De cadeautjes onderstreepten dat er mensen verantwoordelijk zijn voor onze lievelingsdingen. Giacomo Bono, de coauteur van *Making Grateful Kids*, had me verteld dat die koppeling de sleutel was.

Van mijn schrijvers reageerden er maar heel weinig, zoals ik al had verwacht. Bianca Bosker mailde me een heel aardig antwoord: 'Ik wil je nog even een heel (heel!) laat bedankje sturen voor je aardige kaart, die veel voor me betekende. Bedankt dat je *Cork Dork* hebt gelezen! Ik vind het een eer om te horen dat het boek jouw wijnreis heeft gevormd, en ik waardeer het dat je de tijd hebt genomen om me dat te vertellen.' En ik kreeg ook beleefde standaardreacties van Jane Goodall en Barbara Kingsolver.

De reacties waren leuk, maar het echte voordeel van fanmail zat hem in het schrijven zelf. Door in mijn favoriete boeken te duiken kwam ik weer in contact met misschien wel mijn meest ware zelf: de lezer die geboren werd op die tulpensprei.

Als kinderen worden we verliefd op boeken, liedjes, films. We verslijten de videoband, schrijven de lyrics op, staan in de rij op de dag dat het in de winkels ligt. Al die kunstwerken maken indruk op ons en dragen bij aan wie we zijn. Met de jaren neemt de passie misschien af, maar de indruk blijft – als we tenminste de tijd nemen om ernaar te kijken. Dankzij mijn schrijversbedankjes ontdekte ik dat ik nog steeds zo vurig van boeken kan houden als toen ik een kind was.

Bibliothecarissen en leraren zijn de echte helden

Hoewel een verslaving altijd op de loer ligt, kunnen sociale media ook mooie dingen opleveren. Twee weken nadat ik een Instagram-account aanmaakte voor mijn Dankjaar, kreeg ik een berichtje: 'Dank je wel voor de inspiratie. Ik ben bibliothecaris op een middelbare school & vandaag was onze eerste Dankbare Donderdag. Leerlingen konden in de pauze naar de schoolbibliotheek komen en een bedankje schrijven. Wij zorgden voor de materialen & het bibliotheekpersoneel bezorgt de kaarten. Het was een geweldige 1ste dag!!'

Ik schreef gelijk terug, helemaal opgetogen, en vroeg om meer details. Dat was het begin van mijn correspondentie met bibliothecaris Beth Mulch van de T.C. Williams High School, een enorme middelbare school in Alexandra, Virginia, met maar liefst vierduizend leerlingen.

Een paar maanden later vertelde Beth me dat de leraren haar in de klas begonnen uit te nodigen voor bedankjeslessen. Ze stuurde me foto's van leerlingen die voorovergebogen aan hun tafel zaten, hun gezichten ingespannen van concentratie. Aan wie schreven ze? vroeg ik me af. Zouden er leerlingen bij zitten die elke week naar de Dankbare Donderdag in de bieb kwamen? Ervoeren zij dezelfde voordelen als ik?

Ik vroeg Beth of ik misschien eens langs mocht komen om dat uit te zoeken. Zodra ze toestemming had van de directeur, nodigde ze me uit voor een bezoek op de dag waarop de maatschappijlesleraar een dankles in de bieb had ingepland.

Ik besloot Henry mee te nemen als beloning voor al zijn hulp. We namen de trein naar Washington D.C. en een taxi naar de school, waar Beth ons met een grote lach op haar gezicht stond op te wachten bij de voordeur. Bij de bieb stond een bord met de tekst 'Dankbare Donderdag'. Binnen zag ik een houten tafel vol met kaarten en

pennen en een poster met de tekst: 'Heb jij de laatste tijd nog iemand bedankt?'

Beth stelde me voor aan Kris Gulden, de lerares van de zesdeklassers die net binnendruppelden en plaatsnamen op de stoelen rond kleine tafels. 'Hallo allemaal, goeiemorgen,' zei mevrouw Gulden. 'Oortjes uit, telefoons uit, computers uit.'

Beth legde aan de leerlingen uit dat ze met de Dankbare Donderdagen begon nadat ze de Cup of Jo-blogpost over mijn Dankjaar had gelezen. Ze zei er eerlijk bij dat de meeste leerlingen aanvankelijk sceptisch waren. Mevrouw Gulden had al eerder een klas meegenomen, vertelde Beth, en ze zei: 'Aan het begin van de les kreeg ik het gevoel dat die klas vooral dacht: eh, moet dit echt? Maar aan het einde hadden de meeste leerlingen meer dan één bedankje geschreven.'

Beth legde uit dat het bibliotheekteam de bedankjes zelf zou bezorgen als de ontvanger op deze school zat of werkte. Ze trok de dop van een dikke stift en vroeg de leerlingen om eens na te denken over mogelijke ontvangers. Hun ideeën schreef Beth vervolgens op een whiteboard: vrienden, leraren, coaches, ouders, geliefden, tutors, rolmodellen, broers, zussen, collega's, iemand die je al lang niet hebt gezien, conciërges, buschauffeurs, religieuze leiders, communityleiders.

Een meisje suggereerde: 'De mensen die in de kantine werken, want o mijn god, zoveel disrespect.'

Iemand anders zei: 'Mag mevrouw Gulden er ook op?'

'Nee!' zei mevrouw Gulden.

Even later liep ik rond in het lokaal, met Henry héél dicht achter me. Ik benaderde een zelfverzekerde leerling die bemoedigend naar me had geglimlacht toen ik mezelf even daarvoor had voorgesteld aan de klas.

'Wie ga je schrijven?' vroeg ik.

'Al mijn leraren,' antwoordde ze. Ik vroeg hoeveel dat er waren: elf.

Ik was flink onder de indruk en liet haar gauw verder schrijven. Op een andere tafel zag ik een envelop liggen met de tekst: *Aan mijn homie*.

'Wie is je homie?' vroeg ik.

'Een vriend die ik al sinds de basisschool ken,' zei een jongen met een pet. 'Hij hielp me altijd met school als ik er geen zin in had. In de derde klas wilde ik eigenlijk helemaal niet meer naar school, en toen haalde hij me elke ochtend op – we wonen vlak bij elkaar. Hij zorgde ervoor dat ik me klaarmaakte en dat ik ook echt naar school ging. Dus ik heb hem bedankt dat hij me op school hield en me erdoorheen heeft geholpen.'

'Heb je hem al eens eerder bedankt?' vroeg ik.

'Ik heb het weleens tegen hem gezegd, maar een kaart betekent denk ik meer. Want geschreven woorden kun je voor altijd bewaren, terwijl je gesproken woorden vaak zo weer vergeet. Dit voelt belangrijker.'

Een meisje rende naar onze tafel en gaf een kaart aan een jongen die er net een aan haar had geschreven. 'Ik ga nog een echte aan je schrijven,' zei hij. 'De vorige was meer voor de grap.'

Een ander meisje vertelde me dat ze ook in de klas had gezeten waarmee mevrouw Gulden vorig jaar de Dankbare Donderdag had gedaan. 'Ik heb toen een paar mensen uit de kerk geschreven,' zei ze. 'Om ze te bedanken voor hun steun, hun zorg en hun gebeden.'

Ik zag een meisje met een hele stápel kaarten. Ze wees naar een vriendin die naast haar zat en zei: 'Ik heb er eentje aan haar geschreven. En een aan mevrouw Gulden, en een aan een vriend in North Carolina, en ik schrijf er ook nog drie aan een paar andere vrienden. Ik ben dus wel lekker op dreef, en dat komt denk ik doordat ik me realiseerde dat ik een hoop heb om dankbaar voor te zijn toen ik over mijn vrienden begon te schrijven. Een hoop om ze voor te bedanken. Dus dan kan ik die waardering maar het beste uiten.'

Ik vroeg het eerste meisje hoever ze was met de bedankjes aan haar elf leraren. 'Ik ben eigenlijk nog steeds met de eerste bezig,' zei ze, 'want ik schrijf een heel lange aan mevrouw Gulden. Het gaat vooral over hoe mijn leven veranderd is sinds ik les krijg van haar. Voordat ik dit vak volgde, had ik geen idee wat ik wilde worden, maar nu weet ik dat ik criminologie ga studeren en dat ik bij de FBI wil. En ik schrijf ook over hoeveel aandacht ze besteedt aan onze mentale gezondheid. Ze luistert altijd als we willen praten, en ze leert ons allemaal belangrijke normen en waarden en dingen die we later in ons leven nodig hebben – niet alleen op de middelbare school. Dus het is een heel fijn vak. Ik heb nog nooit een leraar gehad zoals zij, en ik denk dat dat hierna ook nooit meer gebeurt.'

Ik ontdekte dat heel veel leerlingen mevrouw Gulden bedankten. Eén meisje vertrouwde me de strekking van haar tekst toe: 'Ik had het gevoel dat niemand geloofde dat ik iemand kon zíjn, zeg maar – tot ik vorig jaar bij haar in de klas kwam.' Toen zei ze: 'Ik haat deze school.'

'Waarom?' vroeg ik.

'Er zijn te veel mensen, het is te druk op de gang, iedereen let op elkaar. Ik ga daar niet lekker op. Ik ben een mensenmens, maar op school ben ik juist heel stil en op mezelf. Maar ik wil mevrouw Gulden wel graag in het zonnetje zetten. Als ik ooit terugkom, is zij de eerste die ik opzoek, want ze heeft mijn kijk op de wereld echt veranderd.

Het echte leven is niet makkelijk, maar ze maakt het niet mooier dan het is. Haar adviezen hebben me echt aan het denken gezet. En nu ben ik er niet kláár voor, maar wel klaar voor, als je begrijpt wat ik bedoel.'

Ik liep naar mevrouw Gulden en vroeg haar waarom ze haar leerlingen dit liet doen. 'Het is weer eens wat anders dan de lesstof,' zei ze. 'We hebben allemaal weleens een pauze nodig, toch? We besteden hier op school veel aandacht aan toetsing, maar ik heb het gevoel dat we daarbij over het hoofd zien – of zelfs vergeten – wat je nodig hebt in het echte leven, en hoe je emotioneel gezien voor elkaar zorgt. Veel van onze leerlingen hebben problemen thuis. Bij twee kinderen is kort geleden iemand overleden, er zijn allerlei familieomstandigheden, en dan moeten ze ook nog nadenken over hun vervolgopleiding. Het is fijn als je daar af en toe even van kunt wegstappen om iets anders te doen. Iets waar je je goed door voelt.'

Voordat de les was afgelopen, vroeg Beth iedereen om de naam van de ontvanger heel duidelijk op de envelop te schrijven – voor- én achternaam – en de bedankjes in de mand te leggen. Het bibliotheekteam zou ze dan later die dag bezorgen.

'We doen ze in de postvakjes van de docenten, zonder dat je kunt zien waar ze vandaan komen,' legde Beth uit. 'Vorig jaar kwam er iemand naar me toe die zei: "Ik kwam laatst op school met een rothumeur en totaal geen zin in mijn werkdag. Totdat ik naar mijn postvakje liep en een kaart vond, zomaar uit het niks." Ineens zag de dag van diegene er heel anders uit. Hoe mooi is dat? Dat hier een leerling had gezeten die een bedankje had geschreven dat uiteindelijk iemand anders had geïnspireerd. Dat vind ik geweldig. Ik vind het heerlijk om een bedankje in een postvakje te leggen en me af te vragen wat het met de ontvanger zal doen.'

De vrouw die de receptie bemande, Laurel, vulde aan: 'Ik denk dat Beth een cultuur heeft gecreëerd waarin bedankjes normaal zijn geworden. Ik krijg er steeds meer van andere leraren en ben zelf ook eerder geneigd om er eentje te schrijven. Laatst liet een leraar een klein cadeautje achter op mijn bureau. Ik had iets van: "Waarom?" En zij zei: "Ik vind je gewoon zo aardig!" Waarop ik op mijn beurt weer een bedankje voor háár schreef. Ik denk dat dit bibliotheekproject die cultuur heeft gecreëerd.'

Na de bel gaven een stuk of zes leerlingen een bedankje aan mevrouw Gulden. Het meisje dat de school haatte, zei: 'Ik blijf dit jaar zitten, zodat ik bij u kan blijven.'

Mevrouw Gulden antwoordde: 'Jij betekent ook heel veel voor mij.'

Terwijl een volgende groep leerlingen binnenkwam met hun lunch en sommigen van hen gingen zitten om kaarten te schrijven, vroeg ik Beth of ze nog andere voordelen had opgemerkt sinds ze was begonnen met het project.

'Eén leerling zei: "Ik heb nog nooit een bedankkaart gekregen." Maar doordat dit nu bij onze schoolcultuur hoort, diende het eerste kaartje zich al snel aan. Dat had echt een grote impact.'

Daarna zei ze: 'Sommige leerlingen denken eerst dat ze niemand hebben om te bedanken, maar dan realiseren ze zich ineens dat dat wel zo is. Dat vind ik zo mooi. Er schuilt een levensles in: kijk eens met een andere blik naar je situatie en probeer te zien wat je allemaal hebt.'

Toen Henry en ik aanstalten maakten om weer naar huis te gaan, gaf Beth ons een kaart die ze stiekem had geschreven terwijl wij met de leerlingen aan het praten waren. Ze bedankte me in de eerste plaats voor het idee, en daarna bedankte ze Henry en mij samen voor onze lange reis hierheen.

Die middag zaten Henry en ik weer in de trein richting New York. Ik was van plan geweest om een paar bedankjes te schrijven – daar blijft de trein toch de ideale plek voor. Maar in plaats daarvan duwden we de leuning tussen ons in omhoog, kropen we lekker tegen elkaar aan en lazen we de hele rit in *Harry Potter en de Geheime Kamer.*

'Ik denk dat Voldemort de Geheime Kamer vijftig jaar geleden open heeft gemaakt,' fluisterde Henry.

'Dat klopt!' zei ik, zo onder de indruk dat ik mijn mond voorbijpraatte.

'Echt?' zei hij, zijn stem krakend van trots. 'Mijn juf zei dat goeie lezers kunnen raden wat er verderop in het verhaal gaat gebeuren.'

'Als je dat wilt, word jij een gewéldige lezer,' zei ik, en in gedachten bedankte ik Henry's kleuterjuf, mevrouw Bruno, voor dit moment.

ZO SCHRIJF JE FANMAIL

1. ***Bedenk welke kunstvorm je het mooist vindt.*** Misschien zijn het geen boeken, maar is het muziek, of theater, of zijn het films.
2. ***Maak een lijst – snel.*** Ga je favoriete albums of toneelstukken of televisieprogramma's niet rangschikken, maar pen gewoon neer wat er in je opkomt.
3. ***Pak het materiaal erbij.*** Ga terug naar de bron en probeer je te herinneren waarom je het zo geweldig vond.
4. ***Maak het persoonlijk.*** Zelfs als je naar een vreemde schrijft, kun je dat recht uit het hart doen. Stop er specifieke, persoonlijke verhalen en gevoelens in.
5. ***Zoek een adres.*** Op de website van degene die je schrijft staat vaak wel een adres – van de schrijver, de agent of de uitgeverij. Als je alleen maar een e-mailadres kunt vinden, stuur dan een mailtje om te vragen naar het beste postadres.

HOOFDSTUK ELF

NOVEMBER: FAMILIE

Hoe dankbaarheid tonen aan je familie de band kan verbeteren

VERRASSING: kerstkaarten rekken het kerstgevoel.

LES: dankbaarheid ontwapent en leidt tot verandering.

VOORDEEL: bedankjes wekken vertrouwen.

Er waren nog maar twee maanden over van mijn Dankjaar, en ik was nog steeds dolenthousiast maar ook doodvermoeid. Mijn carrière- en boekenbedankjes waren eigenlijk gewoon brieven geworden: ze waren langer en gedetailleerder dan de andere kaarten die ik dit jaar had geschreven, en tussen het schrijven door had ik ook nog gewoon nieuwe klanten binnengehaald en aan nieuwe opdrachten gewerkt.

Nu de feestdagen in zicht kwamen, voelde ik de stress als vanouds mijn lijf binnensijpelen. November stond in het teken van familie, en dat betekende inpakken, voorbereiden en feestjes gegeven. Op Veterans Day zouden we naar mijn vader gaan, en met Thanksgiving zou mijn moeder naar ons komen. Het historische element van Thanksgiving boeit me niet zoveel, maar het dankbaarheidsaspect vind ik heel fijn. De afgelopen zeventien jaar hadden we Thanksgiving gevierd in het appartement van mijn schoonouders, maar dat werd dit jaar verbouwd, dus voor het eerst waren wij de gastheer- en vrouw. Daarnaast had ik mijn moeders kant van de familie uitgenodigd voor een zondagse post-Thanksgiving-brunch.

Na dat twee-feestjes-weekend was er geen tijd voor herstel: ik zou me gelijk op de voorbereidingen moeten storten voor Kerstmis en Chanoeka en oudejaarsavond. Hoe kon ik de rest van mijn bedankjes tussen al die hectiek door schrijven?

Vorig jaar had ik me tijdens de feestdagen compleet overweldigd gevoeld, geïrriteerd door de verplichtingen die ik ooit zo leuk had gevonden. De stille me-time in een rustige treincoupé naar New Jersey voelden in januari als het grootste cadeau dat ik kon krijgen. En het feit dat ik die kostbare tijd verspilde aan mijn socials had ervoor gezorgd dat ik aan dit project begon.

Ik hoopte dat de afgelopen tien maanden, waarin ik mezelf had ondergedompeld in dankbaarheid, zich dit jaar zouden vertalen in positievere, relaxtere feestdagen. Ik wilde genieten van de sfeer en teruggrijpen op de magie die ik er als kind altijd aan had verbonden.

Bovendien had ik een plan om mijn familiebedankjes wat haalbaarder te maken.

Kerstkaarten rekken het kerstgevoel

Inmiddels was ik aardig bedreven geraakt in uitvogelen welk format het meest geschikt was voor een batch bedankjes. Toen ik me afvroeg hoe ik mijn familie het beste kon bedanken, wist ik gelijk dat het te intimiderend was om dertig overkoepelende dankbaarheidsbrieven te schrijven. Ik stelde me voor hoe ik voor bijvoorbeeld mijn moeder een selectie probeerde te maken uit ontelbaar veel momenten: moest ik haar bedanken voor de thee met melk die ze altijd voor me maakte? Voor het wegknippen van de sexy stukjes uit onze *Dirty*

Dancing-videoband? Voor het feit dat ze me – ik zeg maar wat, hoor – het leven schonk? En voor, nou ja, alles?

Het vooruitzicht van zulke allesomvattende brieven deed me denken aan mijn vriendenmaand, toen ik ansichtkaarten had gemaakt van oude foto's. De foto werd een lekker nostalgische basis voor de tekst, en de beperkte ruimte maakte de taak overzichtelijk. Zelfs áls ik een uitgebreid relatierelaas wilde neerpennen, dan kon dat simpelweg niet.

Ook voor de familiekaarten kon ik er natuurlijk oude foto's bij pakken, maar ik besloot het over een andere boeg te gooien. Als ik mijn familie deze maand in levenden lijve zag, zou ik gewoon een heleboel foto's maken van de gezelligheid, en dát werden dan de ansichtkaarten. Hoefde ik ook geen kerstkaarten meer te kopen.

Niet geheel onbelangrijk: ik zou de kaarten pas na alle feestjes kunnen schrijven, dus aan het eind van de maand. Dat gaf me wat ademruimte.

De familiemaand begon op Veterans Day. Jake, Henry, Charlie en ik vlogen naar Florida voor een lang weekend met mijn vader, zijn partner, mijn zus en mijn broer, en van ieder van hen nam ik netjes een foto.

Bij thuiskomst dook ik gelijk in de feestvoorbereidingen. Ik zorgde dat alles klaar was voor mijn moeders komst en de Thanksgiving- en brunchfestiviteiten, die mede dankzij de hulp van alle gasten trouwens ontzettend geslaagd waren.

Ik maakte heel bewust lekker veel groepsfoto's – iets wat ik normaal gesproken jammer genoeg altijd vergeet – en schoot ook wat intiemere beelden: van Charlie die het kale hoofd van mijn oom kust, en van een heleboel blootsvoetse neefjes en nichtjes die vol en zoet liggen te chillen op de bank, met een slapende Henry tussen hen in.

Het vastleggen van die lieve momenten met familieleden die ik maar een of twee keer per jaar zie, gaf me een heel nieuwe kijk op de feestdagen. Ik was voor de verandering eens niet aan het rondrennen, maar aan het rondkíjken. Ik speurde naar bijzondere momenten om te vereeuwigen, en daardoor zág ik ze. In mijn hoofd schreef ik zelfs de bedankjes al – aan de mensen die de tafel afruimden en met mijn kinderen speelden. Door deze nieuwe vorm van gastvrijheid was ik veel meer geworteld in de samenkomst, en was ik het feestje niet meer alleen maar aan het produceren.

Ik vond het totaal niet vervelend om aan het eind van de maand de dertig ansichtkaarten te schrijven. Dat kwam deels doordat het minder knutselwerk was dan de kaarten aan mijn vrienden; ik liet de foto's afdrukken op dik ansichtkaartkarton, zodat ik ze niet meer hoefde te verstevigen met ingewikkelde labels. Het enige wat ik nog moest doen, was zo'n staande streep trekken, zodat er links ruimte ontstond voor het bericht en rechts voor de postzegel en het adres.

Ik begon met de foto's van Veterans Day. *Lieve Brigi*, schreef ik aan mijn zus, op de achterkant van een kiekje waarop zij en de kinderen doen alsof ze een raket zijn. *Dank je wel dat je urenlang met de kids in een kartonnen doos hebt gespeeld. Je geduld en diepgewortelde liefde voor hen is een enorm cadeau en ik word er af en toe gewoon stil van. Dank je wel dat je zo'n geweldige tante bent.* Jake had een foto gemaakt van mijn vader die Henry leert vissen. *Dank je wel dat je een oogje op de jongens hebt gehouden*, schreef ik. *Ze zijn gek op je, en dat ben ik ook!*

Bij mijn Thanksgiving-batch zaten bedankjes aan mijn schoonouders, die praktisch de hele catering op zich hadden genomen, en aan Jakes neef Gary, voor de heerlijke zoeteaardappeltaart: *De volgende ochtend heb ik bij het ontbijt nog een stuk genomen.* Ik bedankte ook mijn Italiaanse familie: mijn tante Mia voor de heerlijke gehaktballen en worstjes die ze meenam naar de zondagse brunch, mijn nicht Jen

voor haar fijne omgang met mijn kinderen en mijn nicht Marie voor haar vrolijke energie en schuine moppen.

Mijn reismaand had me geleerd dat je de vakantiepret kunt rekken door na een trip bedankjes te versturen. Op diezelfde manier hield ik nu langer vast aan de fijne gevoelens die ik van de feestdagen kreeg door de foto's te bekijken en dankbaarheid te koesteren voor mijn familie – voor hun hulp, voor hun aanwezigheid en voor wie ze waren.

Je leest het goed: de feestdagen gingen van start met een goed gevoel en weinig stress. Ik was duidelijk minder overweldigd en melancholisch dan vorig jaar. Maar of die existentiële tegenzin en paniek wegbleven tot na nieuwjaarsdag, dat moest ik nog maar zien.

Dankbaarheid ontwapent en leidt tot verandering

Ik stuurde mijn moeder niet één, maar drie kaarten. Op de eerste foto zit ze samen met mijn broer aan onze Thanksgivingtafel, die gedekt is met het handgemaakte kanten tafelkleed van haar tante, linnen servetten en takjes die mijn zus had gesprokkeld in onze tuin. Ik schreef: *Dank je wel dat je naar ons toe kwam met Thanksgiving – het was een heerlijk bezoek. En kijk hoe leuk je bent! :) Ik hoop dat ik ook maar half zo knap ben als ik zo oud ben als jij (48, 49?).* Op de achterkant van een actiefoto waarop ze druk gebarend aan het praten is, schreef ik: *Ik vind het leuk dat je bij iedereen zo betrokken bent.* En op de achterkant van een groepsfoto die we maakten tijdens de brunch schreef ik: *Dank je wel dat je me de hele week zo enorm hebt geholpen. Alles klaarzetten voor het feestje, opruimen, enzovoorts.*

In mijn vriendenmaand had ik Katrina, mijn beste vriendin van vroeger, ook drie kaarten gestuurd, omdat ik niet had kunnen kiezen tussen foto's uit verschillende fasen van onze vriendschap. Maar keuzestress was niet de reden dat ik mijn moeder drie kaarten stuurde, en ik deed het ook niet (alleen) omdat de familieleden op

begonnen te raken. De drie kaarten – die ik op drie achtereenvolgende dagen verstuurde, zodat ze drie middagen achter elkaar een verrassing in haar brievenbus zou vinden – waren mijn manier om te benadrukken hoe erg ik het waardeerde dat ze zoveel moeite had gedaan voor deze trip.

Mijn moeder was voor het laatst bij ons op bezoek geweest in mei, op Moederdag. Ik had bedacht dat we er met z'n tweetjes tussenuit zouden knijpen voor een rustig ontbijt bij Cantine, het café in de buurt waarvan ik de eigenaar had bedankt in mijn burenmaand. Ik had zin om wat tijd alleen met haar door te brengen, voor het eerst in ik weet niet hoelang zonder kinderen om ons heen, maar de ochtend eindigde ermee dat ik tegen haar zat te schreeuwen boven mokken stomende thee en borden met fluffy roerei. Zij keek vooral gegeneerd om zich heen.

Ik vertel liever niet wat ze had gedaan dat me zo boos had gemaakt, maar denk even aan je eigen moeder. Denk aan iets wat ze altijd doet dat het bloed onder je nagels vandaan haalt en waardoor je jezelf vanbinnen helemaal opvreet. En stel je nu voor dat ze precies dát doet – terwijl ze inmiddels toch wel zou moeten weten dat je er helemaal gestoord van wordt – in het toch al minibeetje tijd dat jullie met z'n tweetjes zijn.

Net als de meeste mensen vindt mijn moeder het niet fijn als er in het openbaar tegen haar geschreeuwd wordt. Na het ergste Moederdagontbijt van Brooklyn was er dus weinig gezelligs meer aan haar bezoek in mei. Maar anders dan de meeste mensen heeft mijn moeder het vermogen om niet alleen te vergeven, maar ook te kijken naar haar eigen tekortkomingen – en daar dan ook echt iets aan te veranderen. Tussen haar mei- en novemberbezoekjes groeven we telefonisch naar de kern van wat me die ochtend had dwarsgezeten, en ze luisterde echt.

Natuurlijk was ik gespannen voor haar bezoek in november. Zouden we elkaar weer onze slechtste kanten laten zien?

Maar ze benoemde het onderhuidse probleem direct en vertelde me hoe zij van plan was om het niet te laten escaleren. Hoe langer ze er was, hoe meer mijn lijf zich ontspande. En na een tijdje, terwijl ik volop dingen aan het regelen was en mensen in mijn huis verwelkomde, dacht ik er helemaal niet meer aan.

Tijdens het Thanksgivingweekend was ik niet alleen de feestjes aan het vastleggen en het beste in al mijn familieleden aan het spotten, maar ik was ook aan het catalogiseren wat mijn moeder allemaal aan het doen was: tekenen met de jongens, afwassen, onze kleren opvouwen en zelfs, echt waar, hand op mijn hart, onze bedden opmaken. Ik archiveerde die handelingen niet alleen in mijn hoofd, tot ik ze op kon schrijven, maar uitte mijn waardering ook mondeling.

De frictie vervaagde en verdween doordat ik zag en erkende wat mijn moeder allemaal deed en wat er allemaal zo leuk en uniek aan haar is: dat ze ziet dat iemand naar de kapper is geweest, dat ze met letterlijk iedereen een gesprek kan aanknopen, haar liefde, haar warmte, haar eindeloze optimisme.

Mijn moeder vond het op haar beurt heel fijn om gezien te worden, en dat maakte dat zij zich ook ontspande. We genoten van elkaars gezelschap zoals we dat al jaren niet hadden gedaan, en het bezoek was zelfs zo leuk dat ik haar uitnodigde voor onze aanstaande vakantie naar Maui, die ik had verdiend met mijn copywritingwerk.

Het was niet makkelijk om mijn mindset te veranderen. Wat had zwakke-relaties-onderzoeker Gillian Sandstrom ook alweer gezegd? 'Onze sterke relaties zijn het belangrijkst.' En: 'Onze sociale contacten dragen het meest bij aan ons geluk, maar er gaat wel een hoop werk in zitten.' Dít was het werk. En mijn tien maanden aan dankbaarheidsdiepgang waren mijn training geweest. Dankzij dankbaarheid was ik nu op een plek waar ik niet meer keek naar wat mijn moeder allemaal niet was, maar naar wat ze wél was.

Wat ik ervoer was meer dan vergeving. Ik realiseerde me die week iets wat ik sindsdien heel bewust heb geprobeerd vast te houden: dat mijn ouders me alles hebben gegeven wat ze konden, alles van henzelf, en dat het mijn taak is om ze te accepteren en van ze te houden zoals ze zijn.

Ik ben mijn ouders zo immens en allesomvattend veel verschuldigd dat het moeilijk is om dat te erkennen. Alsof je dankbaar bent voor de lucht. Patti Smith begint haar verjaardag altijd met een gebed aan haar ouders, waarin ze hen bedankt voor haar leven. Daar had ik eerder nooit echt over nagedacht.

Als mijn ouders er vroeger mee instemden om iets frivools voor me te kopen, verstopte ik me tijdens het afrekenen altijd achter een tijdschriftenrek of kleren. Ik verstopte me voor het bedankje dat ik ze verschuldigd was; het bracht me in verlegenheid. Het is veel makkelijker om dingen en mensen als vanzelfsprekend te beschouwen – vooral als het je familie is. Ik merk nu aan Henry en Charlie dat moeders in het bijzonder zowel het beste als het slechtste van hun kinderen krijgen. Ze bewaren hun allerliefste, maar ook hun allervreselijkste gedrag voor mij, en vinden mijn liefde vanzelfsprekend omdat ze weten dat het er altijd zal zijn (zelfs als ze slapen).

Toen Henry nog een baby was, had ik een app die me alles vertelde over zijn emotionele sprongen: The Wonder Weeks. Op een gegeven moment trilde mijn telefoon om me te laten weten dat Henry zich op dat moment aan het realiseren was dat ik iemand anders was dan hij. Ooit zagen mijn kinderen me dus als een uitbreiding van zichzelf in plaats van als een ander mens. Ze beschouwden zelfs mijn ménselijkheid als vanzelfsprekend, en misschien gebeurt dat nog steeds weleens. Misschien maak ik me er zelf ook wel schuldig aan.

Een uur nadat ze bij ons aan was gekomen voor Thanksgiving haalde mijn moeder een leren notitieboek ter grootte van mijn handpalm tevoorschijn. Op de voorkant stond in gouden letters: 'Firenze'. Pas toen ik het doorbladerde, herinnerde ik het me weer: ik had haar tijdens mijn semester in Florence elke avond een brief geschreven om haar te bedanken, want ze betaalde mijn collegegeld en kamerhuur terwijl ze dat geld destijds helemaal niet kon missen. Het boekje was in essentie een superlange bedankkaart, een voorloper van dit jaar, en tegelijkertijd een twintig jaar oude tijdcapsule.

De tederheid van de brieven trof me. Het voelde gek, alsof ik in iets intiems aan het neuzen was dat niet voor mij bedoeld was. Ik praatte niet meer op deze manier met mijn moeder. Konden we die intimiteit nog herstellen?

Mijn moeder had een bladwijzer bij een foto gedaan waarop ik als vierjarige een roze trui draag en mijn Raggedy Ann-pop in mijn armen hou. Ze las de bijbehorende passage hardop voor, en hier en daar brak haar stem: 'Nu ik het toch over spijt heb: ik wou dat mijn relatie met opa en oma beter was geweest, maar dat is lastig als je zo ver van elkaar vandaan woont. Ik kan me voorstellen dat het heel moeilijk voor je was om die beslissing 25 jaar geleden te nemen. Ik hoop dat ik dat nooit hoef te doen. Laten we een pact sluiten: altijd in Californië. Of jij verhuist naar waar ik woon (*vicino a me sempre, certo?*). Ik wil dat mijn kinderen jou wél goed kennen.'

Mijn moeder is momenteel aan het uitvogelen hoe en wanneer ze naar New York kan verhuizen.

Dus dank je wel, mam, in de eerste plaats voor het leven dat je me schonk. Maar ook voor de zoete thee met melk die je voor ons maakte terwijl we keken naar die videoband van *Dirty Dancing* waar je alle zestienplusscènes uit had geknipt – en laten we die keer niet vergeten dat de vliegtuigmaatschappij de telefoon niet opnam, jij naar het vliegveld reed en in de rij ging staan om mijn vlucht om te boeken. Dank je wel dat je altijd voorbereid bent op wat we nodig hebben en dat je niet alleen tissues en pleisters in je tas hebt, maar ook, onverklaarbaar genoeg, huidkleurige visnetpanty's. En voor, nou ja, alles.

Bedankjes wekken vertrouwen

Een van de grootste positieve veranderingen die mijn Dankjaar in gang heeft gezet, is de verbeterde relatie met mijn nabije familieleden. Allemaal heb ik ze meerdere kaarten gestuurd. Mijn broer en zus steunden me het hele jaar door en kregen er ieder een handvol. Dat gold ook voor mijn schoonvader, Andy, en mijn zwager, Teddy. En mijn vader paste in bijna elk maandthema: hij had me gesteund bij het ouderschap, gaf me reisinspiratie, was een carrièrementor en een voedselleverancier (hij stuurt me regelmatig pakketten met Meyer-citroenen en avocado's uit zijn eigen tuin). In januari bedankte ik hem daarnaast voor zijn bijdrage aan de City Harvest-actie, en in mijn gezondheidsmaand voor het overleven van zijn hartaanval.

Dan was er mijn schoonmoeder, Lu. Sinds ik haar in februari een kaart had geschreven op dezelfde dag dat ik de kassamedewerker van de supermarkt had bedankt, had ik regelmatig bedankjes in haar rode linnen tas gestopt als zij en Andy op maandag op de jongens pasten. In totaal schreef ik haar acht kaarten. Sommige daarvan hadden niets met het maandthema te maken en waren puur een erkenning van alle dingen waarmee ze ons hielp. Zo kocht ze een winterjas, een moppenboek en magnetisch speelgoed voor Henry, ze naaide knopen aan, ze quiltte een tafelkleed, bracht ons tupperwarebakjes met zalmburgers en Hongaarse kippenstoof en bakte Jakes favoriete (arbeidsintensieve) regenboogkoekjes. Andere kaarten pasten wel in het thema, zoals degene waarop ik haar bedankte voor een spontane therapiesessie in mijn gezondheids-

Dingen waarvoor ik mijn schoonmoeder dit jaar heb bedankt

maand. Lu is een fantastische therapeut en daardoor heel goed in luisteren. Ik voel me altijd beter als ik mijn gedachten en zorgen met haar heb gedeeld.

Ik wist al dat Lu een uitzonderlijk behulpzame schoonmoeder en oma was: niemand in mijn vriendengroep heeft schoonouders die elke week oppassen. Maar alsnog was het heel krachtig om álles wat ze voor ons doet eens op te schrijven. Zoals ik op een van de kaarten schreef: door haar voelde het alsof er voor me gezorgd werd.

Ik wist alleen niet of Lu dat ook zo zag. Daarom vroeg ik haar of ik haar mocht interviewen op een maandagochtend voordat ze Charlie van school zou halen. Ze stemde in, maar een paar dagen voordat we elkaar zouden zien, sprak ze een lang voicemailbericht voor me in. Toen ik het zag, was ik bang dat ze zenuwachtig was voor het interview en dat ze belde om af te zeggen. Ik drukte op play.

'Ik weet niet goed of ik dit nou moet zeggen of niet, maar ik geloof dat ik het je wel wil vertellen voordat ik je maandag zie,' zei ze. 'Ik wil namelijk niet dat dit alle positiviteit van je bedankjes wegneemt, want dat waren er een hoop. Misschien ben ik daardoor wel verwend geraakt. Hoe het ook zij, ik vond het niet zo leuk dat ik dit jaar geen verjaardagskaart van je heb gekregen. Ik weet dat je een belangrijk en druk weekend had, op heel veel manieren, maar ik had denk ik toch gehoopt dat je me in het vliegtuig misschien een kaartje zou schrijven. En dat wilde ik je even laten weten. Ik weet dat je me geen pijn wilde doen of wat dan ook, maar... Nou ja, het deed wel pijn. En ik denk dat ik me ook een beetje verwaarloosd voelde.'

Ugh. Lu was vorige week jarig geweest, en terwijl de jongens dat met haar vierden, had ik het weekend met mijn broer en zus bij mijn vader doorgebracht. Ze had gelijk: ik was van plan geweest om haar een kaart te schrijven in het vliegtuig, maar dat vergat ik, en toen was ze ineens al jarig en besloot ik het – op een vrolijk felicitatieappje na –

maar zo te laten. Ik belde haar gelijk terug en liet ook een voicemail achter, waarin ik zei dat het me speet dat ik haar verjaardag geen prioriteit had gegeven, aangezien zij dat wel altijd bij mij doet.

Lu was te vroeg voor ons interview en bedankte me voor mijn voicemailverontschuldiging. We omhelsden elkaar en namen plaats aan de eetkamertafel met ieder een mok gemberthee in onze hand. Ik vroeg haar naar haar kijk op alle bedankjes, en ze zei: 'Je herinnerde me aan allerlei dingen die ik allang was vergeten. O ja, dat heb ik allemaal gedaan! dacht ik dan. Ik was onder de indruk van hoeveel je zag en onthield, en het was duidelijk dat je niet vindt dat ik me te veel met jullie leven bemoei. Dat vond ik heel fijn om te merken.'

'Was je daar bang voor?' vroeg ik verrast. 'Als in: misschien wil Gina niet dat ik dit doe, of misschien is dit te veel van het goede? Dat soort dingen?'

'Ja,' zei ze. 'Mijn schoonmoeder, Andy's moeder, belde weleens om te zeggen: "Ik heb stoofvlees gemaakt. Komen jullie langs?" Bij haar ging het altijd om eten. Ik denk dat ik dat nog in mijn hoofd had zitten – dat gevoel dat er op je gelet wordt en dat iemand zich aan je opdringt. Sinds ik jou jaren geleden ontmoette en zag dat je een blijvertje was, deed ik heel bewust mijn best om niet dezelfde fout te maken. Maar daardoor was ik altijd behoedzaam. Ik wilde een band met je opbouwen, omdat ik dat nooit met Andy's moeder heb gehad, ook al wist ik wel dat ze me mocht. Eigenlijk gaat het dus allemaal om overdracht.'

'Wat voor soort overdracht bedoel je?' vroeg ik. (Hier kwam Lu's beroep van pas.)

'Je spreekt van overdracht als je een vroege relatie overdraagt – vaak die met je moeder, vader, broer of zus,' legde ze uit. 'Je projecteert je ervaring met die mensen op iemand anders en doet een aanname, vaak onbewust. Je reageert bijvoorbeeld op iemand alsof het je vader of moeder is, en je weet zeker dat diegene zich op een bepaalde manier gaat gedragen. Het is een aardige klus om je bewust te worden van die aanname. Om te denken: wie in mijn leven gedroeg zich vroeger zo? Ik probeer mijn patiënten soms op die manier te laten denken, en dat is heel lastig.'

Ze vroeg: 'Weet je nog dat jij en ik een paar jaar geleden ruzie hadden?' Ik wist gelijk op welke ruzie ze doelde. 'Ik ging er toen van uit dat jij wrok zou gaan koesteren, want dat is mijn ervaring met mijn moeder. Je kijkt dus naar iemand door een sluier van het verleden, en daardoor zie je de ander niet zoals hij of zij echt is. Je draagt onprettige ervaringen op de ander over die helemaal niet bij diegene horen.'

Ik vroeg Lu hoe mijn kaarten haar hadden geholpen om die overdracht los te laten.

'Laat ik vooropstellen dat ik ook vóór de kaarten al voelde dat je me waardeerde en dat je dankbaar was,' zei ze. 'Maar geschreven woorden zijn blijvend. Iets wat je zegt kan langzaam vervagen, maar alles wat je opschrijft is glashelder. Niet dubbelzinnig. De zin is de zin. En daardoor hadden je kaarten een herstellende werking.'

Lu probeerde zich een voorbeeld te herinneren, en ik liet haar foto's zien van een paar van de bedankjes die ik haar had geschreven. Ze zette haar bril op en las er een voor: '"En gewoon, dat je altijd denkt aan wat we nodig hebben." Het zijn je woorden, Gina. Die helpen zo erg.'

Ik vroeg Lu of ze nog steeds behoedzaam was bij mij. Of ze misschien nog steeds bang was dat ik het opdringerig vond als ze ons eten en kleren bracht.

'Ik denk het niet,' zei ze. 'Nee, ik wéét van niet. Ik kan niet precies meer zeggen wanneer dat omsloeg, maar het duurde blijkbaar even voordat ik echt zag dat je bent wie je bent. Dat ik geloofde wat je zei en dat ik dat vertrouwen in je kon ontwikkelen. De bedankjes hielpen daarbij. Ze verzekerden me ervan dat ik niet te veel was.'

Ik vertelde Lu dat ik het sinds de bedankjes makkelijker vond om moeilijke gesprekken aan te gaan met haar en Andy. Als er nu iets kleins aan de hand was, dan dacht ik: ik heb ze net voor van alles en nog wat bedankt, dus ik mag dit best aan de kaak stellen. 'Ik heb er nu vertrouwen in dat je dat soort opmerkingen geen gezeik vindt,' zei ik.

'Ik vind het heel dapper dat je die dingen bespreekbaar maakt,' zei Lu. 'Al helemaal omdat jij in deze situatie degene bent met wie we geen bloedband hebben. Ik denk dat het heel belangrijk is dat je die vrijheid voelt, want het is goed om zulke gesprekken open te gooien. En daar hebben de kaarten denk ik ook weer bij geholpen. Als we een moeilijk gesprek hadden gehad en ik daarna nog wat wrok koesterde, dan namen de kaarten dat weg.'

Ik vertelde haar dat ik het gevoel had dat we nog nooit zo hecht waren geweest.

'Ik denk dat dat komt doordat we onze conflicten de ruimte hebben gegeven,' zei ze. 'En de kaarten hebben voor een stevigere vertrouwensbasis gezorgd. Ik wist en vertrouwde er bijvoorbeeld op dat ik je kon vertellen hoe ik me voelde over de verjaardagskaart. Voor mij onderstreepte dat dat heel veel van de overdracht inmiddels is weggeëbd en dat ik je echt vertrouw. Ik denk dat de kaarten daar een rol in hebben gespeeld. Bovendien beantwoordde je mijn bericht direct. Meer had ik me niet kunnen wensen.'

We gaven elkaar een knuffel, en terwijl ik aanstalten maakte om te vertrekken, begon Lu onze was op te vouwen – zoals ze dat elke maandag doet.

ZO VERSTUUR JE KAARTEN NÁ DE FEESTDAGEN

1. ***Maak een heleboel foto's.*** Vang de vluchtige momenten en roep iedereen bij elkaar voor een groepsfoto.
2. ***Noteer hoe iedereen heeft geholpen.*** Wie doet ongevraagd de afwas? Wie speelt er verstoppertje met de kinderen? Wie nam die goeie fles wijn mee?
3. ***Laat de foto's afdrukken op ansichtkaartkarton.*** Dat kan op verschillende websites; googel maar op 'foto ansichtkaart'.
4. ***Schrijf korte, specifieke teksten waarin je de ontvangers bedankt voor hun bijdrage aan de feestdagen:*** hun cadeaus, hun grapjes, hun tijd.

HOOFDSTUK TWAALF

DECEMBER: LIEFDE

Hoe échte liefdesbrieven jullie dichter bij elkaar kunnen brengen

VOORDEEL: dankbaarheid kan jullie band versterken.

LES: dankbaarheid is besmettelijk.

VERRASSING: je macht opgeven kan de ultieme zet zijn.

Ik had Jake dit jaar tot nu toe vijf bedankjes geschreven, onder andere toen hij de kinderen naar zijn ouders meenam zodat ik kon werken, en toen hij een heerlijke verjaardagspicknick voor me had georganiseerd. Deze maand zou ik Jake elke dag een bedankje schrijven.

Het idee raakte een snaar bij mensen, en best een gevoelige ook. Tijdens een karaoke met bevriende collega's van Jake ving ik een paar variaties op: 'Waarom doet mijn partner dat niet voor mij?' En mijn vader zei: 'Wat is Jake een geluksvogel, zeg!' De subtekst was: ik zou willen dat ík zo immens gewaardeerd werd. Iedereen bracht het als een grapje, maar eronder lag een onmiskenbare waarheid. Mensen voelden zich ongemakkelijk bij mijn grootse gebaar, bij 31 bedankkaarten van de ene echtgenoot aan de andere, en ze schoten erdoor in de verdediging. Ik stelde me voor dat ze dachten: moet ik dat soms ook doen voor mijn partner? En vervolgens: maar wacht, waarom ík? Waarom doet hij/zij het niet? Die gedachtegang kende ik namelijk maar al te goed, maar dankzij deze maand had ik hem overwonnen.

Dankbaarheid kan jullie band versterken

Op de een of andere manier was het me gelukt om het thema van december niet aan Jake te verklappen. Dus toen hij op 1 december een envelop op zijn kussen vond terwijl we in bed kropen, maakte hij hem nietsvermoedend en met een glimlach open. *Dank je wel dat je vandaag de kerstboom hebt opgehaald en hem hebt opgezet*, had ik geschreven. *December is... zó druk. Dus ook bedankt dat je me door mijn stress heen helpt als mijn to-dolijst te lang is – wat ongeveer elke dag van deze hele maand het geval is. Ik hou van je.* Jake gaf me een kus.

De volgende avond was hij al minder verrast toen hij een kaart op zijn kussen vond. Dit keer bedankte ik hem omdat hij me op het hart had gedrukt om lekker uit te gaan met Laura en de meiden – *terwijl je onder Charlies kots zat. Ik weet zeker dat ik in die situatie niet zo gul was geweest.* Waarschijnlijk dacht hij dat ik het zat begon te worden om buitenshuis op zoek te gaan naar dankbaarheidsontvangers, en bovendien had hij net een portie kinderkots over zich heen gehad. Een bedankje was wel het minste wat hij verdiende.

Pas op de derde decemberavond, toen Jake op dezelfde plek weer een kaart vond, fronste hij zijn wenkbrauwen en keek hij me nieuwsgierig aan.

'Jij bent mijn decemberthema,' zei ik.

Dat was het begin van de meest lonende, krachtige en emotioneel ook best pittige maand tot nu toe.

Dit thema voelde compleet anders, en dat kwam niet alleen doordat er maar één ontvanger was voor wie ik geen postzegels nodig had. Tot nu toe had ik gekozen voor simpele en goedkope materialen, maar voor Jake trok ik mijn portemonnee en kocht ik een doos dikke crèmekleurige kaarten met bijpassende enveloppen die gevoerd waren met een klassieke, Florentijnse print. (We kregen officieel verkering tijdens mijn semester in Florence. Jake was me komen opzoeken en we hadden gekust op de Ponte Vecchio.)

Voor het eerst stapte ik af van mijn acht-tot-tien-kaarten-in-één keer-techniek: ik schreef Jake élke dag een bedankje. Meestal ging ik zodra de kinderen naar bed waren een paar minuten aan mijn schrijfbureau zitten, maar soms schreef ik de kaart al eerder, op mijn kantoor, of pas als hij zijn tanden aan het poetsen was, vlak voordat we gingen slapen.

Ter voorbereiding op deze maand was ik in februari begonnen met een lijstje op mijn telefoon. 'Dank je wel, Jake' had ik het genoemd, en ik had de lijst het hele jaar door aangevuld. De items varieerden van 'dat je de blender schoonmaakte voordat je vanochtend naar je werk ging' en 'dat je altijd "To Be Loved" zingt als de jongens je negeren en om mij vragen' tot 'dat je het hoofd logistiek van ons gezin bent'.

Sommige van die items vormden de basis voor een kaart. *Dank je wel dat je ons bruiloftsliedje soms 's ochtends aanzet, zoals je dat op 1 februari deed, en dank je wel dat je vanochtend die chille jazzmix van Charlies geboorte koos. Dank je wel dat je onze huis- en levens-dj bent. Ik vind het heerlijk dat je altijd de perfecte sfeer weet te creëren met muziek.* Op een andere kaart stond: *In april had ik nogal last van PMS, en toen schreef ik in een notitie aan mezelf dat ik 'overweldigd en geïrriteerd' was, 'maar Jake kocht en bereidde superlekkere steaks – zo lief'. (Overweldigd en geïrriteerd? Ik?) Dank je wel dat je steak voor me maakte toen ik chagrijnig was, en dank je wel dat je mijn hormonen en buien de ruimte geeft.*

Maar het meest schreef ik over ons dagelijks leven. Ik bedankte

Jake toen hij de kinderen de vorige avond weer in slaap had gekregen, *en dat je daarna nog twee uur wakker bleef om te luisteren of ze écht aan het slapen waren. De jongens hebben zo'n geluk dat jij van hen bent.* En: *Bedankt dat je vanochtend het potentiële gevaar op Nico's feestje zag. Dank je wel dat je de mogelijke verwondingen van onze kinderen altijd twee stappen voor bent. Het moet vermoeiend zijn, dat hoofd van jou. Dank je wel dat je zo'n fantastische papa bent. De beste. ('Mannen vinden het heerlijk als je ze papa noemt,' zegt mijn moeder altijd.)*

Ik probeerde Jake aan het lachen te maken, hoewel Henry altijd zegt: 'Het is papa's taak om grapjes te maken en mama's taak om te lachen.' Eén kaart was geadresseerd aan zijn spieren, die ik bedankte voor al hun harde werk om afgetraind te raken. En op een ander kaartje schreef ik: *Bedankt dat je het zo oprecht leuk vond dat ik meeging naar de karaokeavond van jou en je collega's. En bedankt dat je je niet schaamde toen ik 'Shoop' zong.*

Ik bedankte hem omdat hij een fantastische echtgenoot was. *Voor de heerlijke koffie en eieren die je vanochtend voor me maakte. Hoe komt het toch dat jouw koffie en eieren lekkerder zijn dan die van mij?* En: *Voor de omweg die je nam om mijn favoriete limonade te halen.* En: *Voor al je werk in de keuken vandaag: de vaatwasser uitruimen, het vuilnis buiten zetten. De keuken is een beest dat elke dag gevoerd moet worden, en ik ben zo dankbaar dat jij dat doet en echt mijn partner bent – daar en overal.*

O, maar dit is niet eerlijk, denk je nu misschien. Ze is met de perfecte man getrouwd!

En dat is zo. Dat is echt zo. Maar dan moet je dit ook weten: toen ik in mijn telefoon aan het zoeken was naar die lijst met dingen die Jake het afgelopen jaar allemaal had gedaan, vond ik ook twee andere lijstjes, uit de herfst daarvoor. Die uit oktober heette 'Dingen die ik regel', en dit was wat er onder andere op stond: 'constant schoon-

Dingen waarvoor ik mijn man in december heb bedankt

maken en opruimen', 'onthouden wat we nodig hebben (afwasmiddel, luiers, schoonmaakdoekjes)', 'zorgen dat de kinderen kleren en schoenen hebben', 'een kinderdagverblijf zoeken' en 'verjaardagen regelen'.

Het lijstje met gespreksstarters uit september had er duidelijk mee te maken: 'Ik zou het heel fijn vinden als je dit van me overnam...' 'Ik word rancuneus als...' 'Misschien heb ik het mis, maar volgens mij ontstaat er spanning als...'

Ik had het niet mis: er hing die herfst, nu iets meer dan een jaar geleden, inderdaad een gespannen sfeer in huis. We hadden wrok opgebouwd omdat we allebei het gevoel hadden dat we veel meer deden dan de ander, en we hadden nog niet uitgevogeld hoe we dat bespreekbaar moesten maken.

De waarheid was (en is) dat we met twee drukke banen en twee kleine kinderen allebéí te veel deden. In een podcast legde organisatiepsycholoog Adam Grant, die van de tweet over je mentors bedanken, het op deze manier uit: 'Zet een getrouwd stel in twee verschillende ruimtes en vraag aan allebei de partners welk percentage zij uitvoeren van het werk in hun relatie. Drie van de vier koppels komen in die situatie uit op een totaalpercentage dat boven de 100 procent ligt – en dan is een van de twee dus aan het liegen. Over het algemeen overschatten de mannen zichzelf meer dan de vrouwen, maar wat écht interessant is, is dat je dat percentage niet geeft omdat je denkt dat je intrinsiek beter bent dan je partner. Je wilt immers geloven dat je partner net zo geweldig is als jij. De reden dat je dat percentage geeft, is omdat jij aanwezig bent bij élk ding dat je doet. Je was er bijvoorbeeld bij toen je de kinderen naar school bracht, maar wat je partner op dat moment deed, dat weet je niet. Daardoor is het denk ik heel moeilijk om hier iets objectiefs over te zeggen: we weten te veel over onszelf, en we hebben geen goed vergelijkingsmateriaal van anderen.'

Jij bent aanwezig bij élk ding dat je doet. De woorden rinkelden als een alarm toen ik ze hoorde. Misschien omdat het zo belachelijk simpel is: je registreert alles wat je zelf doet, omdat jíj degene bent die het doet. Voor mij was dat inzicht genoeg om de misvatting te corrigeren waar zelfs compleet gelijke partners last van hebben: ik richtte me niet meer alleen maar op elk klein taakje dat ík op me nam, maar besteedde vanaf nu ook aandacht aan alles wat Jake deed.

Mijn vriendin Susan vroeg me of de kaarten invloed hadden op Jakes gedrag. Werd hij er nog behulpzamer door? Ik dacht van niet, maar ik besloot het Jake zelf te vragen. 'Nou ja,' zei hij, 'ik wilde natuurlijk niet dat er 's avonds op de kaart zou staan: "Ondanks dit, dit en dit ben ik je denk ik wel dankbaar voor... whatever." Maar wie haalt er nou het beste uit zichzelf met twee kleine kinderen? Misschien was ik me er de eerste twee of drie dagen wel enigszins bewust van, maar daarna ging ik gewoon verder met mijn leven. Je kunt niet de hele maand voor een kaart werken.'

Hoe was het voor Jake om al die dankbaarheid te ontvangen? Toen we aan het einde van de maand samen naar ons werk liepen, legde hij het zo uit: 'De kaarten hebben het tegenovergestelde effect van door de bomen het bos niet zien. Je weet wel, dat je je richt op de kleine dingen en het grote plaatje niet ziet. Jij en ik zeggen heel vaak "ik hou van je" tegen elkaar, en dat is het bos – onze liefde voor elkaar. Deze maand ging over de mooie bomen waar dat bos uit bestaat. De kaarten maakten dat ik me gezien voelde om alle kleine dingen die ik doe voor onze relatie.'

'Maar als we daar niet bewust mee bezig zijn,' zei ik, 'is het heel makkelijk om te focussen op de een of twee zieke bomen die in het bos staan.'

'Ja, precies,' zei hij. 'Dan gaat het meer over problemen oplossen. "Met deze boom is iets aan de hand, laten we daarover praten, laten we hem opknappen." En de gezonde bomen symboliseren: "Ik hou van je omdát... Ik vind het fijn dat je ... doet." Het was fijn om gezien te worden vanwege die bomen: grote dingen, maar ook kleine dingen. En het was heerlijk om elke avond zo af te sluiten. Wat er die dag ook was gebeurd, als ik naar bed ging, lag er een kaart waardoor ik me gewaardeerd voelde en waardoor ik blij ging slapen.'

Had hij last gehad van bedankjesmoeheid? In één woord: nee. 'Ik geloof niet dat er ooit een dag voorbijgaat zonder dat ik iets voor jou doe en jij iets voor mij,' zei Jake. 'Als ik naar de kaarten kijk en al die dingen op papier zie, dan denk ik aan alle kleine dingen waardoor onze relatie werkt.'

Dankbaarheid is besmettelijk

Ik wil niet overdrijven, maar nu ik hier zo aan mijn bureau zit, meer dan een jaar nadat ik Jake 31 bedankjes schreef, durf ik wel te stellen dat het experiment de manier waarop we met elkaar praten blijvend heeft veranderd. Afgelopen januari, een paar weken na onze dankbaarheidsmaand, reden Jake en ik in een huurauto in Florida, en ik nam ons gesprek op. Ik zei dat het me was opgevallen dat hij extra lief voor me was en vaker mondeling zijn waardering uitte. 'Het voelt alsof je je mijn woorden eigen hebt gemaakt en ze nu op een heleboel verschillende manieren aan me teruggeeft.'

Hij antwoordde: 'Als je je gezien voelt, en dat overweldigende gevoel ervaart dat je krijgt als je gewaardeerd wordt, dan is het ook makkelijker om de ander te vertellen dat je hem of haar waardeert.'

'Ik schrijf je niet meer dagelijks een bedankje...'

'Dat was me al opgevallen,' zei hij droog.

'... maar ik zie het net een beetje anders. Ik probeer nu te erkennen wat je allemaal doet op een dag, en volgens mij doe je hetzelfde bij mij, waardoor de sfeer veel fijner en vriendelijker is.'

'Ik denk dat je gelijk hebt,' zei hij. 'Dank je wel dat je me die bedankjes schreef. Het betekende heel veel voor me.'

Dankbaarheid verbetert relaties – daar is wetenschappelijk bewijs voor. Sara Algoe, de directeur van het Emotions and Social Interactions in Relationships Laboratory op de University of North Carolina in Chapel Hill, poneerde een dankbaarheidstheorie die ze *Find, Remind, and Bind* noemde: vind, herinner en verbind. Als je je dankbaarheid uit, vind je of herinner je je het mooie aan een relatie, en dat helpt om de band tussen de gever er de ontvanger te verstevigen.

De theorie kwam voort uit een onderzoek waarvoor Algoe in 2008 een week lang leden van een studentenvereniging volgde die elkaar cadeaus gaven. En voor een onderzoek dat ze in 2010 naar stellen deed – met de toepasselijke titel 'Het zijn de kleine dingen: Dagelijkse dankbaarheid als boost voor romantische relaties' – vroeg Algoe 134 samenwonende heteroseksuele koppels om elke avond in een dagboek te noteren welke aardige dingen ze hadden gedaan, wat hun emotionele reactie op de interactie met hun partner was en hoe ze dachten over de staat van hun relatie. Daarnaast beoordeelden ze hun eigen dankbaarheid dagelijks op een schaal van een tot vijf.

'Mannen en vrouwen met dankbare partners,' schreef Algoe, 'voelden zich meer verbonden met die partner en tevredener over de romantische relatie dan de dag ervoor.' 'Dankbaarheid,' zo luidde haar conclusie, 'is misschien wel een soort tijdelijke reminder aan de goede kwaliteiten van de partner en helpt de relatie in stand te houden of zelfs te verbeteren.' Daarnaast is dankbaarheid 'waarschijnlijk het best te begrijpen als een mechanisme om de belangrijkste relaties van ons leven te vormen en te onderhouden: de relaties met de mensen om wie we geven en op wie we dagelijks bouwen'.

De voornaamste reden dat ik met dit project was begonnen, was om weer contact te maken met de mensen en delen van mezelf die

me aan het ontglippen waren. Het verraste me dat dankbaarheid blijkbaar ook de kracht heeft om zelfs je hechtste relaties te verstevigen. De sterkste relatie die ik heb is die met Jake, en deze maand bracht ons nog dichter bij elkaar.

Je macht opgeven kan de ultieme zet zijn

Een van mijn kaarten, die van 15 december, laat zien dat bedankjes geen wondermiddelen zijn. *Bedankt dat je het wilde uitpraten*, schreef ik, *en dat je je best deed om alles zo snel mogelijk uit te vogelen. Ik hou van je, en dat zal ik altijd blijven doen.* Mijn handschrift oogt anders. Breder, uitgerekt, alsof ik wist dat ik niet zoveel te zeggen had, maar het papier toch wilde vullen. Ik wist nog hoe moeilijk het was geweest om deze kaart te schrijven; we hadden een afschuwelijke dag achter de rug. We hadden ruziegemaakt, en ik had heel veel gehuild, bijna ontroostbaar. Toch kon ik me niet meer herinneren waar de ruzie over was gegaan.

De kaart van de dag ervoor hielp me op weg: *Dank je wel dat je die e-mails aan [Henry's juf] schreef en verzond. Dit is zo moeilijk, en ik ben blij dat jij mijn partner bent. Samen kunnen we onszelf er wel van weerhouden om de kinderen te vermoorden die Henry pijn doen.*

Ik wist natuurlijk nog wel dat Henry gepest werd in de kleuterklas, maar alsnog kon ik me niks specifieks van deze ruzie herinneren. Jake ook niet. Was onze vergeetachtigheid een mechanisme dat iets belangrijks verdoezelde? Ik keek naar de notities die ik die maand op mijn telefoon had gemaakt en vond er eentje met de cryptische titel: 'zichtwoorden'. Ik las de lijst en herinnerde me dat ik hem al huilend in bed had opgesteld ter voorbereiding op de onvermijdelijke voortzetting van onze ruzie, terwijl Jake beneden was met de kinderen. 'Zichtwoorden,' stond er. 'Speelafspraken. Doktersafspraken. Christie – wat betekende dat?? De auto verplaatsen en de boete krijgen. Chanoekacadeaus? Ik ben degene die al deze shit doet, en jij levert kritiek.'

Ineens wist ik het weer, hoewel sommige details vaag bleven. (Ik weet het antwoord op mijn eigen vraag over Henry's logopedist nu nog steeds niet: 'Christie – wat betekende dat??') Ik had me bekritiseerd en beschuldigd gevoeld. Ik zou Henry's zichtwoorden niet hebben geoefend (de woorden die hij lastig vond om te lezen); ik zou niet genoeg speelafspraken voor hem hebben gemaakt, terwijl we hoopten dat hij daardoor minder sociale problemen zou hebben op school; ik zou de auto op een plek hebben gezet die een parkeerboete had opgeleverd; en ik zou wél cadeaus voor kerst hebben gekocht (mijn favoriete feestdag), maar níét voor Chanoeka (die van Jake).

Al sinds we ouders waren, zongen we hetzelfde liedje: ik doe te veel en jij doet niet genoeg. (Soms kwam die klacht van hem, soms van mij.) Maar dit keer was de ruzie geëscaleerd. Waarom? Achteraf gezien kan ik wel een paar redenen aanwijzen. We hadden allebei last van ongelooflijk veel stress, en dat kwam niet alleen door de feestdagen, maar vooral doordat we ontdekt hadden dat Henry gepest werd. We waren gefrustreerd en boos, maar we bespraken die gevoelens niet met elkaar, waardoor ze zich alleen maar opstapelden.

Ik voelde me ondergewaardeerd en had daar meer last van dan

normaal. Ik had Jake twee weken lang elke dag een bedankje geschreven – alsof ik mijn emotionele wapenuitrusting item voor item had weggegeven – en daardoor was ik nu extra kwetsbaar.

Op dat specifieke moment, terwijl ik midden in mijn liefdesmaand moederziel alleen zat te huilen op mijn bed, begreep ik wat de gevaren zijn van dankbaarheid – en waarom het zo verleidelijk is om die bedankjes gewoon maar links te laten liggen. Ik had die weerzin het hele jaar door al op celniveau gevoeld: een kracht die me ervan weerhield om mijn dankbaarheid écht de vrije loop te laten.

Die tegenzin wordt pas echt zichtbaar bij degene bij wie je het meest op je gemak bent. Degene die het meest voor je doet. Je sterkste relatie. Als je die niet bedankt, alleen maar omdat je je eigen verdediging overeind wilt houden, dan hou je iets heiligs achter. Dat is voor-wat-hoort-wat-denken, en wat bereik je daarmee? Obsessieve lijstjes op je telefoon met uitgebreide details over hoeveel was je wel niet doet, en gespreksstarters voor een ruzie die je wilt winnen.

Toen Jake op de avond van 15 december boven kwam, lukte het me om te stoppen met huilen en te zeggen wat ik net had voorbereid. Verrassend genoeg begon Jake toen ook te huilen – terwijl hij, anders dan ik, nooit huilt. Hij vertelde me hoe machteloos hij zich voelde over het feit dat Henry gepest werd (dat ging dus niet over mij), en hij zei dat het hem speet dat hij dat op mij had botgevierd. Niet veel later omhelsden we elkaar.

Door mijn dankbaarheid te uiten gaf ik inderdaad wat van mijn kracht op. Maar door die dankbaarheid met een open hart te ontvangen en echt naar me te luisteren, gaf Jake ook wat van zíjn kracht op. We waren allebei kwetsbaar, en dat maakte de communicatie makkelijker.

Dat is de kracht van je macht opgeven. Het was alsof ik zei: hier heb je het, neem het allemaal maar – en ik wist niet of het dapper of dom was om de teugels te laten vieren. Maar probeer het eens. Geef het een kans. Je zult versteld staan als je merkt hoe snel de ander het aan je teruggeeft.

Toen Jake de kaart op zijn nachtkastje zag liggen voordat hij naar bed ging, zei hij dat het vast moeilijk was geweest om die te schrijven.

Dat was inderdaad zo. Maar deze maand had me laten zien dat ons huwelijk het beste werkt als we ervoor kiezen om met elkaar te praten in plaats van om onszelf af te sluiten. Als we kiezen voor vriendelijkheid in plaats van zelfmedelijden.

Dit gebeurde er na 31 bedankjes aan Jake: we merkten allebei hoe fijn het is als je gewaardeerd wordt om wat je doet. Dat veranderde de manier waarop we met elkaar praten.

Dit gebeurde er níét na 31 bedankjes aan Jake: het was niet alsof ik het dankbaarheidshokje nu had afgevinkt. Je partner bedanken is geen eens-maar-nooit-weer-kwestie – en ook geen 31-keer-maar-nooit-weer-kwestie. Dankbaarheid is bij ons een vast onderdeel geworden van ons huwelijksonderhoud.

Een paar maanden later, in mei, toog ik op zaterdagochtend na een groepsles in de sportschool en opfrisdouche naar Manhattan om een seminar te geven over bedankjes schrijven. Eenmaal thuis was Jake het avondeten al aan het koken na een zware dag met de kinderen, en hij wees me er ironisch genoeg terecht op dat ik hem nog niet had bedankt voor alles wat hij die dag had gedaan. In mijn notitieboek schreef ik: *Hij hoeft geen kaartje te krijgen, maar wel erkenning. Dus dat moet ik hem ook geven. En ik moet vooral niet denken: ik heb dit ook allemaal gedaan toen jij je twee weken geleden aan het voorbereiden was op je zaak.*

Nog later, in augustus, had ik een hele zondag in een koffietentje gewerkt aan een bóék over bedankjes en kwam ik thuis bij een chagrijnige Jake – omdat ik hem niet had bedankt voor de tijd die hij me gaf.

Ik bedoel maar. Een huwelijk is hard werken. Dat is een cliché, en als redacteur en schrijver is het mijn werk om clichés te schrappen, maar net als heel veel andere clichés – de dagen zijn lang, maar de jaren zijn kort – is deze uitspraak heel erg waar, alleen op een andere manier dan ik me had voorgesteld. Ik dacht altijd dat alleen slechte huwelijken veel werk vereisten. Jake en ik zaten jarenlang zowat bij elkaar op schoot op onze abnormaal diepe bank en waren dan erg zelfingenomen met onze relatie. Tuurlijk hadden we weleens een misverstand, en zelfs een knallende ruzie, maar daar waren we dan trots op, omdat we ze ook weer heel snel oplosten, met veel oog voor elkaar. Dat werk was amper werk.

Sinds we kinderen hebben, is er iets veranderd. We moeten nu ons best doen om onze relatie prioriteit te geven, en dat gaat zo: we slikken onze trots en ons gelijk in en we zeggen ‘dank je wel’. Het is een dagelijks terugkerende taak, en net als de was stapelt het zich op als we het negeren.

Jake en ik zeggen nog heel vaak: ‘Ik hou van jou.’ Maar net zoals Henry op een gegeven moment begon te zeggen: ‘Ik ben dankbaar voor jou’, zo zeg ik nu regelmatig tegen Jake: ‘Je zorgt zo goed voor ons.’ Want dat deed mijn maand me inzien: hoe goed hij daar eigenlijk in is.

Ook iets anders werd me duidelijk, en dat schreef ik hem op de een-na-laatste dag van december. *Deze gedachte zweeft al mijn hele Dankjaar door mijn hoofd: geluk in de liefde, geluk in de liefde, geluk in de liefde. Dat heb ik – dankzij jou.*

Mijn laatste bedankje zette ik op een dun papiertje dat ik had afgescheurd van een hotelnotitieblok, het Campus Inn in Ann Arbor. *De kaarten zijn op*, legde ik uit, *maar dit briefje is ook leuk, want het komt uit onze plaats van herkomst. Oké, niet Acapulco, waar we elkaar leerden kennen, of Italië, waar we verliefd op elkaar werden, maar wel de plek waar we een routine vonden en uitvogelden hoe het is om een koppel te zijn. Dank je wel dat je zei dat je van me houdt toen je me ophaalde van het vliegveld in ons laatste jaar. Dank je wel voor alle bijnamen die je me sindsdien hebt gegeven, en dat je er altijd voor zorgt dat ik me geliefd, speciaal, tevreden en veilig voel. Ik hou van je, Jakie.*

ZO SCHRIJF JE EEN NIET-AFGEZAAGDE LIEFDESBRIEF

1. ***Open je ogen.*** Wat doet je partner allemaal in huis? En voor jouw welzijn?
2. ***Vang de details.*** Voor liefdesbrieven geldt hetzelfde als voor alle teksten: specifiek is beter dan generiek.
3. ***Haal herinneringen op.*** Misschien denk je aan een bijzondere trip die jullie maakten, of iets wat je partner ooit zei.
4. ***Beschrijf je gevoel.*** Of je nou schrijft over iets wat vandaag is gebeurd, of over iets van jaren geleden: vertel hoe je je erbij voelde.
5. ***Merk deze gedachte op*** – en verwerp hem vervolgens: 'Ja, hij/zij heeft dit ene taakje gedaan, maar dat heb ik vorige week ook gedaan, en nog veel meer.'
6. ***Zeg wat je nodig hebt.*** Zodra je je dankbaarheid regelmatig uit, zul je merken dat je het ook terugkrijgt. Is dat niet zo? Vraag dan om die erkenning.

HOOFDSTUK DERTIEN

TERUGBLIK

Hoe bedankjes kunnen bijdragen aan een actieve dankgewoonte

LES: dit jaar was nog maar het begin.

VOORDEEL: mijn dankbaarheid heeft me gelukkiger gemaakt.

VERRASSING: dankbaarheid is een weg terug.

Nog dertig bedankjes te gaan. Waarom – maar echt: waaaaarom – had ik mijn thuismaand in juni ook alweer geschrapt?

Ik had al zitten brainstormen over vervangende thema's. Beauty, bijvoorbeeld, en dan in het bijzonder de mensen die ervoor zorgden dat ik me goed voelde, maar ik kwam niet verder dan mijn kapper, Jeff. Daarna dacht ik even aan fitness, maar dat leek te veel op gezondheid. (En eerlijk: ik? Fitness?) Kinderen dan? Dat leek me wel wat. Dan zou ik alle kaarten aan Henry en Charlie adresseren, net zoals ik dat voor Jake had gedaan. *Baseer elk kaartje op iets wat ze zeiden en bedank ze daarvoor*, schreef ik op. Een lief idee, en misschien voer ik het nog weleens uit. Maar op dat moment voelde het nogal... gróót, om dertig betekenisvolle herinneringen aan mijn kinderen te schrijven. In december had ik al dertig familiekaarten verstuurd die ik aan het eind van november geschreven had, én ik had elke avond een bedankje gepend voor Jake, terwijl ik ondertussen te veel werkte en familie over de vloer had en de feestdagen regelde. Ik had een thema nodig dat niet te veel van me vroeg, met een template om het mezelf makkelijk te maken.

Sinds ik in oktober naar buiten was getreden met mijn project, hadden een heleboel mensen me gesteund, van familieleden tot vreemden op Instagram. Daardoor voelde het alsof ik een fanclub had – en er was een heel voor de hand liggende manier om ze te bedanken.

Dit jaar was nog maar het begin

Ik had mezelf toestemming gegeven om de laatste dertig bedankjes in januari te schrijven. Ik had in mijn Dankjaar toch al allerlei deadlines gemist, en wat maakte het eigenlijk uit? Wie zou het iets kunnen schelen?

In de relatieve stilte van het eind van december, toen mijn familieleden weer naar huis waren en het inpakpapier gerecycled was, maakte ik een lijstje met mijn Dankjaar-cheerleaders. Ik zat op de bank met Jake en zei tussen neus en lippen door dat ik de bedankjes de komende weken zou schrijven.

'Echt?' vroeg hij. 'Wil je het niet voor het einde van het jaar doen? Ik kan dingen van je overnemen als je niet genoeg tijd hebt.'

Dat was een kleine voorbode van alle steun die hij me zou bieden tijdens het schrijven van dit boek, bijvoorbeeld door een dag of weekend met de kinderen op stap te gaan en mij in alle rust te laten schrijven. En zo kwam het dat ik met behulp van Jake de laatste twee dagen van het jaar even onderdook. Ik bedankte vrienden die me hadden gestimuleerd om door te gaan, ik bedankte Instagram-volgers die hun eigen dankbaarheidsreis vastlegden, ik bedankte sociale wetenschapper Amit Kumar, de eerste dankbaarheidsexpert met wie ik contact had opgenomen, en ik bedankte mijn favoriete bibliothecaris, Beth, omdat ze de leerlingen op haar school had laten kennismaken met het concept.

Ik bedankte kantoorboekhandelaren als Caroline, die me bemoedigende woorden had gestuurd en voorbeelden van hun mooiste kaarten: *Ik ben helemaal weg van mijn handgeschilderde Scribble & Daub-kaarten (en de reden dat ik er nu niet op schrijf is dat ik ze bewaar – ik hoop dat je dat niet erg vindt!).* En ik schreef deze maand ook nog een paar andere traditionele transactiebedankjes. Eerder haalde ik daar mijn neus voor op, maar ik was van gedachten veranderd: nu ik alle tips kon gebruiken die ik tijdens mijn jaar had verzameld, vond ik het veel leuker om een bedankje te schrijven voor een cadeau. Ik bedacht een template voor het begin (*Dank je wel voor je enthousiasme en steun tijdens mijn Dankjaar!*) en ging vervolgens de diepte in door te schrijven dat Carolines warme, positieve reactie me brandstof had gegeven om het project af te maken.

De allerlaatste kaart was voor Henry. *Je hebt me het hele jaar lang, terwijl ik elke dag een bedankje schreef, ontzettend gesteund. Je bleef maar zeggen dat het 'awesome' is wat ik doe, en dat hielp me echt om ermee door te gaan: de wetenschap dat jij het zag, en dat je trots op me bent. Ik vond het heel leuk dat je me met sommige kaarten hielp, zoals die aan de mensen die geld gaven aan de City Harvest-actie in januari, en die aan de schrijvers in oktober. Ik ben trots op* JOU*, omdat je leert hoe belangrijk het is om mensen te bedanken en ze te vertellen hoe je je voelt. Ik hou van je, lieverd.*

Aan het eind van de middag van 31 december, een paar uur

voordat we een oudejaarsavondetentje gaven voor veertien mensen – Jake, hierbij geef ik toe dat je gelijk had en dat dat inderdaad te veel van het goeie was –, was ik klaar. Maar ik had me zó gericht op de voltooiing van het project dat ik niet had nagedacht over hoe het zou voelen om die laatste kaart te schrijven. Ik zat op een laag krukje aan mijn kleine make-uptafel, en langzaam verspreidde zich een warm gevoel door mijn vingers en tenen. Toen ik opkeek, zag ik in de spiegel dat ik een enorme lach op mijn gezicht had. Ik maakte een foto van mezelf om het gevoel te onthouden.

Hoewel het nogal meta was om mijn Dankjaar-supporters te bedanken, was het ook heel waardevol. Het gaf me de kans om na te denken over het project als geheel, en om te mijmeren over de diepere betekenis ervan. Ik was ongelooflijk dankbaar (een beter woord heb ik niet) voor mijn hervonden vriendschappen, sterkere relaties en nieuwe connecties. Ik was dankbaar voor het hele proces. En ik was vastbesloten om er ook na dit jaar mee door te gaan.

Mijn dankbaarheid heeft me gelukkiger gemaakt

Aan het begin van mijn project vroeg ik me af of het kortetermijnplezier dat het schrijven van de bedankjes me opleverde zou leiden tot een boost van mijn algehele geluksgevoel. Inmiddels kende ik het antwoord: mijn bedankjes deden weliswaar óók dienst als snelle opvrolijkers, maar ze waren nog veel meer dan dat. De 365 kaarten hadden een cumulatief effect, en zelfs nu nog, nu ik dit schrijf, voel ik me lichter. Ik heb (soms) meer geduld met mijn kinderen, en als ik 's avonds in bed lig en mijn ogen sluit, staat er een lach op mijn gezicht. Het heeft me oprecht gelukkiger gemaakt om de mensen in mijn leven te bedanken en mijn relaties met hen te verstevigen.

'Als je denkt dat geluk je dankbaar maakt, denk daar dan nog maar een keer over na,' zegt broeder David Steindl-Rast in zijn populaire TED Talk. 'Je wordt juist gelukkig van dankbaarheid. (...) Dankbare mensen zijn vrolijke mensen, en hoe meer vrolijke mensen er zijn, hoe vrolijker onze wereld wordt.'

Ik denk dat mijn Dankjaar mijn gelukssetpoint heeft verhoogd, zoals het in de positieve psychologie wordt genoemd. In zijn boek *Thanks! How Practicing Gratitude Can Make You Happier* legt Robert A. Emmons dat als volgt uit: 'De meeste mensen die weleens een dieet hebben gevolgd, kennen het begrip "setpoint". Hoe hard je ook je best doet, het is ongelooflijk moeilijk om op gewicht te blijven nadat je bent afgevallen, aangezien een bepaalde metabolische kracht ervoor zorgt dat je gewicht weer op de oude plekken terugkeert. Dat setpointidee is ook van toepassing op geluk: onderzoekers denken dat iedereen een chronisch of karakteristiek geluksniveau heeft, en dat je na ontwrichtende levensgebeurtenissen altijd weer terugkomt op dat setpointniveau. Stel, je vindt een uitgever voor je boek, je verhuist naar Californië, of je droompartner reageert op je contactadvertentie. Zulke dingen zorgen ervoor dat de wijzer van de geluksmeter even helemaal naar rechts uitslaat, maar een paar maanden later loopt hij gewoon weer terug naar het setpoint dat kenmerkend is voor het individu in kwestie.'

Je gelukssetpoint is genetisch bepaald, zegt Emmons – en ik was gezegend met een hoog setpoint. Als kind rénde ik altijd naar bed, klaar om te lezen over Ramona Quimby, of Matilda, of Heidi, of Jo March. En als jongvolwassene was ik zo iemand die op maandagochtend tegen haar leidinggevende, Lisa, zei dat ze ondanks een voedselvergiftiging een topweekend had gehad. Sindsdien was mijn onbeschaamde opgewektheid wat afgekoeld, maar de bedankjes hadden me herinnerd aan wie ik was en hielpen me om me dat optimisme weer eigen te maken.

En blijkbaar is dankbaarheid dus een van de paar dingen waarvan we weten dat het je gelukssetpoint verhoogt. Emmons deed een onderzoek waarvoor een deel van de deelnemers een dankbaarheidsdagboek bijhield, en zes maanden na het onderzoek, zoals hij uitlegt in *Thanks!*, merkte die dankbaarheidsgroep 'nog steeds positieve effecten op. (...) Hun algemene welzijnsniveau lag bijna 25 procent hoger dan dat van mensen in de controlegroep. Dat weerspreekt het wijdverspreide idee dat het gelukssetpoint op geen enkele manier kan worden gereset.'

Vervolgens bespreekt Emmons het werk van Martin Seligman

(beter bekend als de oprichter van de positieve psychologie). Seligman had aan de University of Pennsylvania een onderzoek uitgevoerd waarbij hij deelnemers vroeg om een dankbaarheidsbrief te schrijven en te bezorgen aan iemand 'die uitzonderlijk aardig tegen hen was geweest, of die een enorm positief verschil had gemaakt (...) en nog nooit behoorlijk bedankt was'. Een week na de oefening beschreven de deelnemers een significante toename van geluk en een afname van depressiesymptomen, en een volle maand later ervoeren ze die voordelen nog steeds.

Ik denk dat je inmiddels wel snapt welk punt ik wil maken, maar herhalen kan geen kwaad: dankbaar zíjn is essentieel, maar pas als je je dankbaarheid ook úít, wordt het echt geweldig.

Dankbaarheid is een weg terug

De bedankjes hadden me geholpen om mijn stress dit jaar in toom te houden, en ze hadden nu ook mijn spanning rond de feestdagen verminderd.

In de decembermaand voorafgaand aan mijn Dankjaar had ik me tijdens een wandeling door de buurt net Scrooge gevoeld. Ik mopperde op de feeërieke lampjes die aan de brownstones hingen, en op de kerstbomen die kunstmatig aanvoelden in de koude, enge wereld om me heen. Ik was praktisch met mijn ogen aan het rollen naar het jonge meisje in mij dat ooit in haar eentje 'Stille nacht' zong bij de fonkelende boom.

In de laatste maand van mijn Dankjaar was de wereld nog steeds gek, maar ik omarmde de gekte van de feestdagen. Ik nam de kleine momenten bewust in me op: havermoutkoekjes bakken met Charlie en ze opeten met mijn vader; Henry en Charlie afluisteren terwijl ze een plan bedenken om de Kerstman op heterdaad te betrappen; genieten van de kreeftravioli die Jake en zijn broer maakten in het

kader van het feest van de zeven vissen, de Italiaans-Amerikaanse manier om kerstavond te vieren. Ik had mezelf geleerd om om me heen te kijken en ik koesterde wat ik zag. Alles wat ik dacht, was: ik ben zo blij dat ik hier ben.

De laatste momenten van het jaar bracht ik door met de mensen die we hadden uitgenodigd voor ons oudejaarsavondetentje. Een van hen was Alonso uit Berlijn, die ik had geschreven in mijn reismaand. Nick en Ro, die kaarten kregen in mijn vrienden-, mentor- en eetmaand, waren ingevlogen vanuit Minneapolis. Dan was er Mollie, die bedankjes had verdiend als mentor, buurvrouw en Dankjaar-cheerleader. En natuurlijk was Jake er ook. Charlie lag boven in bed; Henry was op de bank in slaap gevallen. Een etentje voor veertien personen was inderdaad te veel van het goeie, maar het gaf me wel weer de kans om om me heen te kijken en alles in me op te nemen.

Deze decembermaand, twaalf maanden na mijn Dankjaar, trakteerde ik mezelf op een middagshow in Broadway – mijn jaarlijkse eenpersoonsuitje voor de feestdagen. Dit zou de laatste show zijn die ik in lange tijd zou zien, aangezien de theaters drie maanden later sloten vanwege corona. Ik koos *A Christmas Carol*. Campbell Scott speelde Scrooge, die, zoals we allemaal weten, in het laatste bedrijf zijn kijk op het leven verandert en weer zin krijgt in het leven. 'Ik voel me zo dartel als een schooljongen!' zegt hij. En Belle Fezziwig, zijn jeugdliefde, vertelt hem: 'We kunnen allemaal veranderen. Dat maakt het leven zo mooi.'

Toen Scrooge zich in de show klaarmaakte om de boel te vieren, nodigde hij het publiek uit om mee te doen: we gaven borden aan elkaar door en gooiden sinaasappels langs lange repen stof langs het balkon naar beneden. Scrooge haalde een man uit het publiek die Tom heette en sleepte hem mee de coulissen in, en even later kwam Tom het podium weer op met een torenhoog dessert. Het was allemaal zo heerlijk dat ik ervan moest huilen, en toen er vanuit het plafond ook nog sneeuw naar beneden viel, hoorde ik de man naast me hoorbaar naar adem happen. Aan het einde van de voorstelling speelden de acteurs 'Stille nacht' met handbellen. Ik voelde me weer even het meisje dat ik ooit was, helemaal onder de indruk van de feestdagen en de lichtjes en de goedheid die in ons allemaal schuilt.

Misschien is dit uiteindelijk toch een reddingsverhaal geworden. Mijn Dankjaar veranderde me niet van gierig in gul, of van ellendig in gelukkig, of van gemeen in aardig, maar het gaf me wel de ruimte om verder te kijken dan mezelf en mijn lijstjes, en om andere mensen écht te zien. Daardoor veranderde ik van afgezonderd in verbonden, van afgeleid in aanwezig, van automatisch in bedachtzaam, en van chagrijnig en druk in blij en optimistisch. Soms. Vaak.

Dankbaarheid ís optimisme. Het is een keuze voor de contouren van wat er is, en niet voor de schaduwen van wat er mist. En dankbaarheid is een weg terug – naar een vriendschap, naar hobby's waar je ooit weg van was, naar identiteiten die je hebt losgelaten. Het is een weg terug naar jezelf. Ooit ergerde ik me aan het woord 'dankbaarheid'; ik vermeed het toen ik dit project een naam gaf. Nu heb ik het omarmd, aangezien ik nog veel meer heb dat kwetsbaar is en gênant en niet cool.

Als dit boek aanvoelt als een liefdesbrief aan mijn man, mijn familie, mijn buurt, mijn vrienden, dan komt dat doordat het dat ook is. De bedankjes hielpen me om weer verliefd te worden op mijn veel te hectische, vaak rommelige, zwaar imperfecte, erg gelukkige en absoluut verbazingwekkende leven. En dat kan dankbaarheid ook doen voor jou.

ZO MAAK JE VAN DANKBAARHEID EEN GEWOONTE

Dit zijn een paar dingen die ik na het juk van mijn Dankjaar heb uitgeprobeerd.

1. ***Maak een speciale bedankjesmap.*** Ik kocht een leren map met kaartenvakjes. Mijn pen en postzegels zitten er ook in, plus een notitieboek waarin ik lijstjes maak met mensen om te bedanken. Ik heb de map altijd binnen handbereik, voor als ik even tien of vijftien minuten heb om te schrijven.
2. ***Begin met Dankbare Donderdagen.*** Dankzij Beth, de bibliothecaris uit Virginia, probeer ik elke donderdag rond de lunch een paar bedankjes te schrijven.
3. ***Schrijf bedankjes als weekendproject.*** Als je kinderen hebt, weet je dat het weekend lang kan duren. Zelf kaarten maken en er bedankjes op schrijven is een heerlijk project om samen op te pakken, en het geeft je gelijk de kans om je kinderen kennis te laten maken met dankbaarheid.
4. ***Uit je dankbaarheid op jouw manier.*** Als je een vluchtig geluksmoment hebt, hou het dan vast en vertel het aan degene die er verantwoordelijk voor is. Dat kan mondeling, via een appje of (en je weet inmiddels wel dat dit mijn favoriet is) met een kaart.

DANKWOORD ♥

Natuurlijk hoort er in dit boek een dankwoord. Ik wil de volgende mensen graag met heel mijn hart bedanken (en sommige namen komen je misschien al bekend voor):

♥ Alison Fargis, mijn agent en kampioen: omdat je vanaf het begin af aan in dit project geloofde en omdat je het zo goed hebt begeleid.

♥ Marian Lizzi en de rest van het TarcherPerigee-team: omdat jullie me vertrouwden en me de vrijheid gaven om het boek te schrijven dat ik voor ogen had.

♥ Kelly Lasserre: omdat je zulke prachtige illustraties hebt gemaakt, zo geduldig omging met mijn ijdelheid en mijn portret aanpaste.

♥ Amit Kumar: omdat je mijn dankbaarheidswetenschapsgoeroe was en zo snel reageerde op al mijn mails. En Gillian Sandstrom, Cory Allen en Giacomo Bono: omdat jullie zulke bedachtzame interviews gaven. En Bret Stetka: omdat je me liet kennismaken met de hersenwetenschap.

♥ Susan Chumsky: omdat je zulke onopvallende, voortreffelijke suggesties deed. Het boek is beter geworden door jou. En Pam Kaufman: omdat je me zulke scherpe opmerkingen stuurde en omdat je de term 'Mayberry met mozzarella' bedacht.

♥ Lu en mam en Sara en Julie: omdat ik de persoonlijke verhalen mocht delen.

♥ Emma Straub: omdat je me tijdens elke fase van dit boek de weg wees in de uitgeefwereld.

♥ Jenny Rosenstrach: omdat je mijn project aan het grote publiek voorstelde. En Joanna Goddard: omdat je Jenny's blogpost publiceerde en een citaat schreef voor mijn boekvoorstel.

♥ Brigitte Hamadey en Mari Heller: omdat jullie zulke behulpzame feedback gaven op mijn boekvoorstel.

♥ Jake: omdat je de kinderen naar Lulu en Popeye bracht zodat ik thuis lekker kon schrijven, en omdat je in me geloofde sinds mijn eerste column in *The Michigan Daily*, en omdat je me vijftien minuten na onze eerste ontmoeting al aan het lachen maakte en dat nog steeds elke dag doet.

♥ Een tienjarig meisje in haar bloemenslaapkamer, omringd door stukgelezen boeken en grote dromen: omdat je zo koppig optimistisch was. Het is ons uiteindelijk maar mooi gelukt.

♥ En tot slot: jij, de lezer. Ik was me tijdens het schrijven al bewust van je aanwezigheid, en je was aardig, meelevend en vergevingsgezind over mijn tekortkomingen. Je lachte om alles wat ook maar een beetje op een grapje leek. Dank je wel dat je al die tijd met me wilde doorbrengen. Ik hoop dat ik je heb geïnspireerd om een vriend van vroeger te schrijven, of je partner, of een buur. Als je ooit vastloopt of de kriebels krijgt, mail me dan via gina@ginahamadey.com.

JOHN HERR

OVER DE AUTEUR ♥

GINA HAMADEY was reisredacteur bij *Food & Wine* en *Rachael Ray Every Day* en begon haar carrière bij *O, The Oprah Magazine* en *George*. Daarnaast verschenen haar teksten onder andere in *Reader's Digest*, *Real Simple* en *Women's Health*. Ze is de oprichter van contentmarketingbureau Penknife Media en schreef *¡Buenos Nachos!*. Ze woont in Brooklyn met haar gezin.

ginahamadey.com
@gina.hamadey
@gina_hamadey

DANK JE WEL